In Dankbarkeit gewidmet meiner Ehefrau Irmgard (Irma) Timm, ohne deren Hilfe und Geduld mein Engagement für eine freie Gesellschaft nicht möglich gewesen wäre.

Wir bedanken uns bei Markus Henning und Dietrich Eckhardt für die freundliche Unterstützung bei der Erstauflage und bei Daniel Fallenstein für die Unterstützung bei der Zweitauflage.

Uwe Timm

Gegen das Geschäft mit dem Klimawandel

Plädoyer für eine freie und soziale Gesellschaft

herausgegeben von Michael von Prollius

EDITION FORUM ORDNUNGSPOLITIK BAND 2

Bibliografische Information der Deutschen Nationalbibliothek:

Die Deutsche Nationalbibliothek verzeichnet diese Publikation in der Deutschen Nationalbibliografie; detaillierte bibliografische Daten sind im Internet über http://dnb.dnb.de abrufbar.

Edition Forum Ordnungspolitik
Herstellung und Verlag: BoD - Books on Demand, Norderstedt
Umschlaggestaltung und Layout: Susanne Junge

ISBN 9783732299720

Inhaltsverzeichnis

Vorwort

Der Untertitel bringt es auf den Punkt. Die Schrift des libertären Freiheitsfreundes Uwe Timm ist ein Plädoyer für eine freie und soziale Gesellschaft. Der kleine Band bietet „three in one":

- eine kritische Auseinandersetzung mit den gängigen Ansichten der „Klimahysteriker", die den Schwerpunkt bildet,

- eine Warnung vor der nicht nachhaltigen Staatsverschuldung, die sich an die Politiker und Bürger gleichermaßen richtet,

- schließlich eine alternative Sicht auf die Finanzkrise.

Der Abschnitt „Ideologische Weltbilder" dient als Bindeglied und legt den Finger in die Wunde der fehlgeleiteten Ideologen des Kollektivismus und Etatismus sowie verbreiteter Vorurteile: „Wer sich heute biologisch gesund ernähren will, dem steht nichts im Wege, er muss dafür keinen Kapitalismus überwinden." Im letzten Teil finden sich zudem Anregungen, wie man für eine pluralistische Gesellschaft eintreten kann.

Uwe Timm, Jahrgang 1932, engagierte sich seit seiner Jugend für eine freie Gesellschaft. Er war Mitbegründer der Mackay-Gesellschaft, Autor libertärer Publikationen und Mitherausgeber der bis 2013 mehrere Jahrzehnte lang erschienenen libertären Zeitschrift „espero". Uwe Timm schrieb, wie er sprach – mit seiner spürbar norddeutschen klaren Sprache breitete er viele Fakten und Lesefrüchte aus. Stets warnte er vor einem Staat, der entmündigt, und forderte stattdessen mehr Freiheit und Eigenverantwortung ein. Seine Überzeugung war zugleich seine Lebenserfahrung: Die Menschen können ihre Geschicke selbst am besten in die Hand nehmen – ohne Herrschende, die vorgeblich das Wohl der Allgemeinheit, zuallererst aber ihre eigenen Interessen verfolgen. Wohlstand verdanken wir uns selbst, nicht dem Staat. Dementsprechend lautet das Heilmittel für soziale Übel: Freiheit.

Die nachfolgende Fassung von „Gegen das Geschäft mit dem Klimawandel" ist eine sanft überarbeitete Neuauflage der 2012 als espero-Sonderheft publizierten, inzwischen vergriffenen Schrift. Sie erscheint in der *Edition Forum Ordnungspolitik* mit der Absicht, unterschiedlichen Lesern unterschiedliche Sicht- und Argumentationsweisen auf und für die Freiheit anzubieten.

Weil wir alle Nutznießer der Freiheit sind und unsere Gesellschaft durch mehr Freiheit auch sozialer wird, freuen sich Autor und Herausgeber, wenn Sie, liebe Leser, die Schrift und die Gedanken verbreiten. Das gilt umso mehr, als Uwe Timm leider unmittelbar vor dieser Neuauflage verstorben ist.

Berlin, im Mai 2014
Michael von Prollius

Einleitung

In meiner Schrift „Gegen das Geschäft mit dem Klimawandel" widme ich mich eingehend dem Thema Klimawandel, aber auch Fragen der Staatsverschuldung und der Finanzkrise. Ich möchte die Aufmerksamkeit auf eine antifreiheitliche Entwicklung lenken, der viel zu wenig Paroli geboten wird.

Vor mehr als 30 Jahren erschien meine Schrift „Ökologie und Freiheit" im Verlag der Mackay-Gesellschaft. Damit lieferte ich zum Thema Umwelt einen ausführlichen Beitrag. Die damaligen Bestrebungen der Umweltbewegung besaßen noch meine Sympathie. Doch wurden schon frühzeitig Tendenzen sichtbar, denen ich kritisch gegenüberstand. Es offenbarten sich Ziele, die mit einer zu bewahrenden Umwelt nichts mehr zu tun hatten. Vor allem eine mir unverständliche Technikfeindlichkeit bildete sich heraus. Bald gehörte es zum guten Ton, diesbezüglich Panik und Ängste zu verbreiten. Oft bestand dafür kein Anlass. Dann wurde die Politik eingebunden und am Ende wurde das Geschäft mit der Angst, z.B. vor der sogenannten Klimakatastrophe, zum politischen Geschäft. Inzwischen wurden selbst von libertär-anarchistischen Gruppierungen die Zielvorgaben der Umweltpolitik kritiklos übernommen.

Als wichtigste Schaltstelle zu Fragen der „Klimakatastrophe" wurde der Weltklimarat IPCC (Intergovernmental Panel on Climate Change) gegründet. Der Wissenschaftsjournalist Nigel Calder begleitet den IPCC seit seiner Entstehung und konstatierte: „Sie müssen akzeptieren, dass die Institution IPCC nicht dazu gegründet wurde, um wissenschaftliche Arbeit zu leisten, sondern einzig und allein [um] politischen Zielen [zu] dienen ..." Zur Zielsetzung gehörte es auch, Menschen als Klimasünder anzuprangern, dafür Beweise zu finden mit willigen „wissenschaftlichen" Instituten, die bereit waren, entsprechendes Zahlenmaterial zu liefern. Die an die Wissenschaftswelt gerichtete Aufforderung eines Prof. Dr. H. Stephen Schneider lautete: „Um mehr Aufmerksamkeit zu erregen, brauchen wir dramatische Statements und keine Zweifel am Gesagten. Jeder von uns Forschern muss entscheiden, wie weit er eher ehrlich oder effektiv sein will."[1] Diese Aufforderung zum Betrug lässt es an Deutlichkeit nicht fehlen. Inzwischen werden einschlägige Parteien, Institute und Wissenschaftler, die in der erwähnten Weise „effektiv arbeiten", mit Millionensummen gefördert und finanziert.

Nach 1945 beseelte mich eine Hoffnung: Breite freiheitliche Bewegungen werden verhindern, dass sich Menschen wieder für machtpolitische Ziele missbrauchen lassen und darauf verzichten, sich ihres eigenen Verstandes zu bedienen. Dieser Traum hat sich nicht erfüllt. Dennoch gibt es Zeichen, die Hoffnungen wecken, dass sich bestehende Probleme mit mehr Freiheit lösen lassen, Menschen ohne Bevormundung existieren können, sich Dienstleistungen und Produkte mit einem freien Geld tauschen lassen, ein freies Bildungswesen ebenso wie ein freies Sozialwesen möglich ist. Schließlich werden an diesen Erkenntnissen auch Ignoranten immer weniger ändern können. Viel Neues ist dazu schon im Gespräch. Meine nachstehende Schrift soll einen Beitrag dazu leisten und ein weiteres Zeichen setzen. Ich bin sicher, dieses Zeichen wird von den wahren Freunden der Freiheit verstanden.

Uwe Timm

---

[1] Lead Author in Working Group II of the IPCC, 1989 - vgl. Hartmut Bachmann: Die Lüge der Klimakatastrophe, S. 25.

Abschied von der Klimahysterie

Meinungsfreiheit, also seine Ansichten frei äußern zu können, auch wenn diese nicht dem Zeitgeist entsprechen und unerwünscht sind, weil sie dominierende Vorurteile nicht bestätigen, wurde und blieb immer mein Grundanliegen. Nach einer offiziellen Lehrmeinung der Politik darf es zur These von einem Menschen verschuldeten Klimawandel durch den Ausstoß von CO^2 keinen Widerspruch geben. Wir haben es hier mit einem religiösen Dogma zu tun und jeder, der es riskiert, dieses Dogma zu prüfen, zu hinterfragen, wird für die „Klimaschützer" zum Schädling für das Allgemeinwohl. Keineswegs sind allein die Regierungen für Panikmache und Hysterie verantwortlich, sondern auch Umweltorganisationen, insbesondere Greenpeace. Sogenannte Klimaziele finden auch im linken, selbst im libertären Spektrum unkritische Akzeptanz. In der Partei DIE GRÜNEN dominierten marxistische Ökosozialisten; sie reduzierten ein sogenanntes Umweltschutzprogramm auf eine gezielte Panikmache: Ozonloch, Waldsterben, BSE, Polschmelze, Atomangst und auf eine „anthropogene (d.h. von Menschen gemachte) Klimakatastrophe", wofür aus ihrer Sicht die Industriegesellschaft verantwortlich ist. Wie wirksam sich politisch instrumentalisierte Ängste erwiesen, dafür ist der Rinderwahn in England ein Indiz. Dieser blieb auf die Insel beschränkt, die Engländer reagierten gelassen, Panik brach hingegen in Deutschland aus.

Die Regierungen nutzen einen angeblich von Menschen gemachten Klimawandel für ihre defizitären Haushalte, lassen sich doch so leichter Steuern erzwingen. Für Umweltschutzorganisationen bieten geschürte Klimaängste eine nicht zu unterschätzende Existenzgrundlage. Dass Klimaängste auch von Unternehmen geschäftlich genutzt werden, versteht sich von selbst, und wenn diese einen Beitrag zur Nutzung einer effizienteren Energieerzeugung leisten, sollte uns das nur recht sein. Doch ein verantwortlicher Umgang mit der Frage Klimaschutz erfordert mehr Vernunft und Kompetenz. Die Menschheit musste sich in Jahrtausenden immer mit einem Klimawandel abfinden und sich darauf einstellen. Als bei uns im Alten Land Zehntausende ertranken, besaß der Bau von Deichen Priorität. Dank der Wissenschaft, unseren Ingenieuren, Technikern und Handwerkern erleben wir eine permanente Fortentwicklung der Technologien für alternative Energien und kein Mensch kann heute wissen, wie es dank künftiger Innovationen im Jahre 2050 auf der Welt aussehen wird.

Von den Klimatologen, die behaupten, es drohe eine Klimakatastrophe durch menschengemachtes CO^2, wird unterschlagen, dass es auch früher Zeiten gab, in die CO^2-Menge anstieg, die Temperatur aber fiel – und auch umgekehrt. In der Erdgeschichte lag der CO^2-Gehalt der Atmosphäre oftmals sogar über dem heutigen Wert von 380 ppm, sogar wesentlich höher.

Nach der Entschlüsselung der Korrespondenz von namhaften „Experten" in der Klimafrage besitzt nicht nur der Weltklimarat ein Glaubwürdigkeitsproblem. Auch die eifrigen Weltverbesserer sind unglaubwürdig geworden, denen der Klimaschutz erklärtermaßen am Herzen liegt, die aber Biotechnologie und Genforschung als angebliche Gefahren bekämpfen.

Schließlich fühlen sich die selbsternannten Klimaschützer als Retter der Welt. Sie sind davon überzeugt, sich im Besitz der absoluten Wahrheit und damit im Recht zu befinden. Deshalb ertragen und dulden sie auch keinen Widerspruch, geschweige denn besitzen sie die Bereitschaft, sich einer sachlichen und kritischen Diskussion zu stellen.

Dieser absolute Glaube an die „eigene Wahrheit" machte den Klimaschutz zur Ersatzreligion. Folglich haben wir uns mit Verhaltensnormen auseinanderzusetzen, welche sich als ökofaschistisch charakterisieren lassen.

Klimaskeptiker werden gezielt als Klimasünder kriminalisiert und an den Pranger gestellt. Eine keineswegs bewiesene Klimakatastrophe im Jahre 2050 oder zum Ende des Jahrhunderts, also zu einem Zeitpunkt, an dem die heutigen Weltretter nicht mehr leben werden, führt so zum totalitären Denken, zu einem inakzeptablen Ökoimperialismus.

Der amerikanische Ex-Vizepräsident Al Gore schrieb schon 1992 ganz in diesem Sinne: „Leugnung ist die Strategie derer, die zu glauben wünschen, dass sie ihr suchtabhängiges Leben ohne schlimmere Auswirkungen auf sich selbst und andere fortsetzen können...“ Heute lebt der CO^2-Milliardär Al Gore auf großem Fuß. Er schätzt den Luxus, und es kann ihm ziemlich egal sein, ob seine Thesen stimmen oder nicht. Sicher ist nur, er wird im Jahre 2050 nicht mehr unter den Lebenden weilen. Selbst führt der Nobelpreisträger Al Gore, der bei anderen ein „suchtabhängiges Leben“ verdammt, ein sehr aufwendiges Leben. Er jettet pausenlos um die Welt, überwiegend in einem eigenen Flugzeug, übernachtet in teuren Luxushotels, lässt sich in PS starken Limousinen transportieren und erzeugt damit das zigfache an CO^2 im Vergleich zu einem Normalbürger. Überhaupt finden sich unter den sogenannten Klimaschützern höchst unglaubwürdige Klimafreunde, etwa John Travolta, der fünf Privatjets nutzt, gleich viele wie etwa Tom Cruise.

Kritische oder andere Meinungen werden nur noch als „verwerflich“ wahrgenommen. Deutlich macht das ein Kommentator in der amerikanischen Tageszeitung Boston Globe: „Ich möchte sagen, dass wir an einem Punkt angelangt sind, an dem es unmöglich ist, die globale Erwärmung zu leugnen. Leugner der Erwärmung sollten mit Leugnern des Holocausts auf eine Stufe gestellt werden, jene leugnen die Vergangenheit, diese leugnen die Zukunft.“ Der Wirtschaftsjournalist und Publizist Günter Ederer konstatierte hingegen: „Die Partei der Grünen, die die von Menschen gemachte Klimahybris zum Parteiprogramm erhoben hat, empörte sich in einer Anfrage an die Bundesregierung, ob sie wisse, dass Klimaleugner in den Räumen des Bundestags sprechen durften ...“ Referiert hatte der Begründer der NASA-Meteorologie und vielfach ausgezeichnete US-Wissenschaftler Fred Singer über seine Forschungsergebnisse. Wie einleitend erläutert war der ICPP (Weltklimarat) nie eine wissenschaftliche Organisation, sondern eine von der Politik installierte Vereinigung, finanziert und gesteuert von staatlichen Auftraggebern.

Nur wissenschaftliche Institute, Wissenschaftler, die sich bezüglich der These einig sind, einzig der CO^2-Treibhauseffekt sei die Ursache für eine kommende Klimakatastrophe und diese wäre nur durch radikale CO^2-Reduzierungen zu vermeiden, werden vom ICPP in ihrer Forschungsarbeit unterstützt. Daher stammt auch das Streben, dem ICPP gewünschte Daten für den Beweis der Erderwärmung zu liefern. Deshalb darf man sich nicht wundern, wenn wir bereits mit einer regelrechten Klimahysterie konfrontiert sind, aber Klimahysterieskeptiker kein Gehör finden, vielmehr ausgegrenzt und diffamiert werden. Es besteht daher die buchstäbliche Notwendigkeit gezielter Aufklärung, nicht zuletzt um uns vor einem vor nichts zurückschreckenden Totalitarismus zu bewahren. An einigen Beispielen lässt sich verdeutlichen, was Klimaschützer mit ihrem Fanatismus anrichten.

- Ein Manager von Air Berlin erhielt als Umweltschädling einen Dinosaurier-Orden, dabei verfügt gerade Air Berlin über moderne Flugzeuge hinsichtlich Verbrauchs an Kerosin und Lärmbelästigung.

- Der Bundesvorsitzende der Grünen, Reinhard Bütikofer, hält die Deutschen für die größten „Umweltschweine". Wobei es mit der Umwelt in Deutschland eigentlich gut bestellt ist. Aber Umweltschutz wird ja häufig mit dem sogenannten „Klimaschutz" gleichgesetzt. Nur scheint das Herrn Bütikofer nicht klar zu sein. Klimaschutz ist häufig sogar umweltschädlich.

Beispiele dieser Art gibt es zahlreiche, und wenn sich dieser Trend zum Ökofaschismus verstärkt, werden Kritiker, Zweifler oder auch nur Andersdenkende wohl bald um ihr Leben laufen müssen. Das wäre nicht einmal neu, wurden doch im Mittelalter (Mitte 14. Jahrhundert, ja bis zum 17. Jahrhundert) vornehmlich junge und hübsche Frauen für Naturkatastrophen und Missernten verantwortlich gemacht und Zehntausende lebendig auf Scheiterhaufen als „Hexen" verbrannt. Man lebte in dem Wahn, Menschen und besonders verhexte Frauen seien an einem „schlechten Klima" schuld und müssten dafür bestraft werden.

Das Geschäft mit der Angst

Weil der messianische Eifer von Klimaforschern und ihren jeweiligen Instituten mehr als bedenkliche Formen annimmt, kommentierte der Klimaforscher Hans von Storch: „Wissenschaftler verfallen in einen Eifer, der geradezu an die Ära McCarthy erinnert ...“[2] Was von den Computersimulationen gewisser Wissenschaftler zu halten ist, kommentierte Prof. Hans von Storch wie folgt: „Wir Klimaforscher können nur Szenarien anbieten, es kann also auch alles ganz anders kommen.“[3] Noch kritischer als von Storch sieht der Direktor vom Hamburger Max-Planck-Institut, Prof. Jochen Marotzke, den gegenwärtigen Stand der Klimaforschung: „Unsere Arbeiten zeigen zum ersten Mal mit einem umfassenden gekoppelten Klimamodell, dass die Erde bei heutiger Sonneneinstrahlung und heutiger Konzentration von Kohlendioxid in der Atmosphäre sowohl den heutigen Klimazustand als auch den Eisballzustand annehmen kann.“[4] In der Öffentlichkeit hapert es noch mit der Wahrnehmung der Kritik an einer von Menschen verschuldeten Klimakatastrophe, auch wenn sich vermehrt eine kritische Meinungsbildung abzeichnet. Noch dominieren die Ignoranten sowohl in den Parteien als auch bei den sogenannten Klimaschützern.

Sogar Militärrhetorik hat daher ihren festen Platz in der Umweltbewegung. Prinz Charles spricht von einem Krieg, den „wir unbedingt gewinnen“ müssen. Gnadenlos wird zugeschlagen. Regenwald wird gerodet, um Ölpalmen-Zuckerrohrplantagen für Bio-Treibstoffe zu errichten. Weltweit steigen die Lebensmittelpreise, mit besonders dramatischen Folgen in den arabischen Ländern und in Mexiko. Die EU fördert den Anbau von Energiepflanzen jährlich mit 90 Millionen Euro. Der Sinnlosigkeit und Verantwortungslosigkeit sind keine Grenzen mehr gesetzt. Weil es für Biosprit keinen Markt gibt, keine Nachfrage existiert, gibt es eine „ökoplanwirtschaftliche Beimischungspflicht“ für die an Tankstellen erhältliche Kraftstoffe. Dieser Anteil von Biokraftstoffen soll auf 20 Prozent im Jahre 2020 steigen. Den Armen dieser Welt wird also der Mais genommen, der letzte Baum gerodet, um

---

[2] Der amerikanische Senator veranstaltete eine öffentliche Hetzjagd auf Kommunisten in den USA mit an Schauprozessen erinnernde öffentliche Vernehmungen.

[3] in: Der Spiegel, Nr. 11, 2007, S. 58.

[4] J. Marotzke, in: 4. ExtremWetterKongreß, Programm u. Vortragskurzfassungen, 51, Wenn die Erde zum Eisball wird.

Biokraftstoffe im Namen des Klimaschutzes zu produzieren. In Deutschland werden bereits rund 20 Prozent der landwirtschaftlichen Flächen für Energieerzeugung genutzt. Da sich die landwirtschaftlichen Flächen nicht beliebig vermehren lassen, werden staatliche Anreize für den Anbau von Energiepflanzen gesetzt und folglich Ressourcen für die Nahrungsmittelproduktion abgezogen.

Das International Food Policy Research Institute (Ifpri) warnte in einem Bericht davor, immer mehr Ackerflächen für den Anbau von Biosprit zu verwenden. Das könnte den Welthunger nur verstärken. Steigende Nahrungsmittelpreise sind ein ernstes Problem. Die Klimaschützer kümmert das wenig und so blüht das Geschäft mit der Apokalypse. Erforderlich wäre ein Studium von widersprüchlichen Analysen und Szenarien, aber daran sind die Marketing Manager des Umweltschutzes nicht interessiert. Das düstere Klimaszenario von Al Gore verkauft sich blendend, nur seine Thesen sind von der Forschung keineswegs gedeckt. Dass 97 Prozent des CO^2 der Natur entstammen und nur die restlichen 3 Prozent nicht aus natürlichen Quellen, wird konsequent verschwiegen. Zu diesem Ergebnis gelangte auch eine NASA-Studie; demnach sind für einen Anteil von 3 Prozent menschliche Aktivitäten wie Industrie und Landwirtschaft, aber auch unsere Wiederkäuer ursächlich. Die CO^2-Emission der Natur liegt bei 772 Gigatonnen, die durch menschliche Aktivitäten lediglich bei 29 Gigatonnen. Ohne CO^2 wäre der Planet ein Eispalast. Kurzum, die Hypothese vom CO^2-Treibhauseffekt ist schlicht unbewiesen. Prof. Dr. Gerhard Gerlich, Physiker an der Universität Braunschweig, konstatierte: „Man findet den Treibhauseffekt deshalb auch nicht in einem Lehrbuch der theoretischen Physik. Es ist ein schönes Beispiel für das Märchen von Kaisers neuen Kleidern …"

Für den Laien sind Zahlenbeispiele häufig schwierig nachvollziehbar. Die nachfolgenden Zahlen sprechen eine deutliche Sprache. Mit einem Volumenanteil von 0,037 Prozent findet sich CO^2 in der Erdatmosphäre. Von diesen 0,037 Prozent gehen wiederum 97 Prozent auf das Konto der Natur, die fast das gesamte CO^2 auf Erden produziert. Nur die übrigen 3 Prozent gehen auf das Konto des Menschen, d.h. 3 % von 0,037 % (Anteil CO^2 in der Atmosphäre), das sind nur

0,0011 Prozent, die der Mensch produziert. 3,5 Prozent entfallen auf Deutschland, also 0,0000388 Prozent. 20 Prozent davon sind aus Kraftwerken, das sind 0,0000077 Prozent. Die sollen unser Wetter bestimmen? Absurd! Der NICCP (Nichtregierungs-Weltklimarat) meint dazu: „Es ist für die Wissenschaft beschämend, dass in der globalen Debatte über eine so wichtige Frage („Klimawandel") öffentlich vorgebrachte Übertreibungen an die Stelle der Vernunft getreten sind."[5]

Nur, wenn der Mensch Vernunft besitzt und sie auch zu nutzen weiß, kann er seine Ängste selbst einschätzen und lernen mit ihnen umzugehen, damit er nicht ein Opfer seiner Angst wird. Schließlich ist Angst immer ein schlechter Ratgeber. Allerdings lassen sich Ängste seit jeher profitabel vermarkten. Und das wissen nicht nur Politiker. Selbst scheinbar seriöse Autoren und Wissenschaftler sind mit von der Partie.

Das im Jahre 1973 erschienene Buch „Die Grenzen des Wachstums" wurde mit dem Friedenspreis des Deutschen Buchhandels ausgezeichnet. Bekanntlich erwies sich das von den Autoren beschworene und befürchtete Bevölkerungs- und Produktionswachstum als eine grandiose Fehleinschätzung der politischen, wissenschaftlichen und technologischen Entwicklung. Ich will den Nachhaltigkeits-Autoren keine bewusste Fälschung unterstellen. Aber hoffentlich nehmen sie die Diskrepanz zwischen Prognose und Realität zur Kenntnis und verlassen sich künftig nicht mehr auf Computersimulationen, die sich schon so oft als falsch erwiesen haben.

Nicht nur der Ressourcenverbrauch in den früheren sozialistischen Ländern, z.B. in der ehemaligen DDR, war höher als in den westlichen Industriestaaten. Auch die Umweltverschmutzung übertraf die schlimmsten Befürchtungen bei weitem. Die stolzen Besitzer eines „Trabbis" klebten sich an die Heckscheibe: „Trabant fahren – nur fliegen ist schöner". Nur machte der Aufkleber den Trabant nicht zu einem umweltfreundlichen Fahrzeug. In den Braunkohlefördergebieten

---

[5] NIPCC meint dazu: S. F. Singer, Die Natur, nicht die menschliche Aktivität, bestimmt das Klima. TuR Medienverlag GbR, Jena, 2008, S. 80.

Cottbus, Halle und Leipzig erinnerten die Abraumhalden an Mondland-schaften. Die DDR-Bürger rund um Lübbenau wurden mit Flugasche auf ihren Balkonen und Autos verwöhnt. Überhaupt merkwürdig, Umweltschutz war im Reich des realen Sozialismus völlig unbekannt, weshalb die Flüsse stark verschmutzten und auch die Ostsee. Eine Verbesserung der Infrastruktur, selbst der Kanalisationen, gab es erst nach der Wiedervereinigung. Mit der Umwelt und der Luft sah es im Westen entschieden besser aus, anders als ideologisch erwünscht. Gepflegt wurde das Feindbild „Industriegesellschaft". Dabei wurde von den ideologischen Umweltfreunden schlicht ausgeblendet: Gerade die entwickelte Industriegesellschaft bietet mit ihren Innovationen eine effiziente Basis für die Lösung von Umweltproblemen. „Sterbend grüßt der deutsche Wald die Autowelt, Beton, Asphalt", so Rainer Grießhammer 1984.[6] Und Hoimar von Ditfurth war sich im Jahre 1985 ganz sicher: „Ob man es wahrhaben will oder nicht. Der deutsche Wald liegt im Sterben".[7] In Deutschland sind gegenwärtig 30 Prozent der Bodenfläche bewaldet und von einem Waldsterben kann nicht die Rede sein, im Gegenteil, unsere Wälder vergrößern sich um neue Forste.

Das Gesamtvolumen der europäischen Forste ist gestiegen, nicht gesunken, wie fälschlich behauptet. Geschädigt wurden die deutschen Wälder im Grenzgebiet der früheren DDR und zwar durch volkseigene Kohlekraftwerke mit ihren großen Mengen an Schwefeldioxid, die die Luft ungefiltert verpesteten. Schädliche Emissionen werden die Luft künftig immer weniger belasten. Dafür werden in absehbarer Zeit Elektroautos sorgen. Selbst der in den vergangenen Jahrzehnten stark zunehmende Autoverkehr führt dank immer sparsamerer Motoren zu sinkenden schädlichen Emissionen. Schon heute können Autofahrer beruhigt sein, eine Häufung von Waldsterben ist an den Autobahnen nicht zu verzeichnen. So ist die Bilanz nach 30 Jahren Waldsterben äußerst schlecht ausgefallen. Zum Glück nicht für den Wald. Gutmen-schen sollten mit ihren Thesen sorgfältiger und verantwortungsvoller

---

[6] Rainer Grießhammer: Der ÖKO-Knigge, Seite 229, Mai 1985.
7 Hoimar v. Ditfurht: So lasst uns denn ein Apfelbäumchen pflanzen. Es ist soweit, 1985, S. 113.

umgehen. Inzwischen erwirtschaften in Deutschland zwei Millionen Waldbesitzer mit 1,2 Millionen Beschäftigten jährlich 170 Milliarden Euro im Jahr. Die Waldfläche hat durchschnittlich 176 Quadratkilometer pro Jahr zugenommen. Zukunft besitzt der Mischwald, keine Monokulturen mit Fichte oder Kiefer. Einen Zuwachs an Waldflächen gibt es auch in China und den USA, hingegen nicht im Süden unseres Planeten, etwa in Mexiko, Brasilien und Afrika. Dafür ist kein Klimawandel verantwortlich, sondern ein unverantwortlicher Raubbau. Klimaschützer sind daran nicht so ganz unschuldig. Durch Abholzung und den Anbau von „Plantagen" auch für Ökosprit gehen jährlich 150.000 Quadratkilometer Regenwald verloren.

Deutsche Urlauber wissen die heimatlichen Wälder zu schätzen und bei Wanderungen im Bayrischen Wald, im Thüringer Wald, im Spessart oder im Sauerland genießen sie eine Waldluft, wie es sie gewissen Prognosen zufolge eigentlich gar nicht mehr geben dürfte.

Beklagt wird in Deutschland ein Geburtenrückgang, kein Bevölkerungszuwachs. Die Weltbevölkerung wird ohne Hungersnöte zunehmen, sobald es den Menschen vergönnt ist, nicht in Simbabwe, Nordkorea, Kuba oder in einem afrikanischen Land mit einer korrupten Regierung zu leben. Qualitatives Wachstum ist die Grundvoraussetzung für die Existenz einer menschlichen Gesellschaft. Den Menschen in Afrika und Asien hilft der Abbau von Handelsschranken in Europa und den USA, damit sie ihre eigenen Agrarprodukte anbieten und verkaufen können. Kläranlagen, Toiletten, Trinkwasseranlagen sind in den Ländern der Dritten Welt die drängenden Probleme.

Inzwischen sind 35 Jahre vergangen und in der ganzen Welt, auch in China und Russland,[8] fahren Autos mit einem Antriebsstoff, den es nach den Wissenschaftlern der „Grenzen des Wachstums" schon lange nicht mehr geben sollte. Öl ist offenbar reichlicher vorhanden als

---

[8] Dubai und Abu Dhabi verfügen noch über Ölvorräte für viele Jahrzehnte, aber schon heute setzen diese Länder nicht mehr auf das Ölgeschäft, hier liegen die Einnahmen nur noch bei 6 Prozent, hingegen liegen Handel, Industrie und Tourismus inzwischen bei 94 Prozent. Davon Tourismus 30 Prozent. Die Scheichs haben die Zeichen der Zeit schon lange verstanden.

prognostiziert. Das liegt nicht nur an neu entdeckten Quellen, wovon etwa Kuwait, Katar, Russland und Norwegen profitieren, sondern auch daran, dass Öl im Erdinnern nicht wie angenommen, allein von toten Pflanzen und Tieren abstammt. Erdöl wird vielmehr nach neueren wissenschaftlichen Erkenntnissen auch mittels Hydrierung von gemeinen Gesteinen produziert, unter Druck und Temperaturbedingungen wie sie 100 Kilometer unter der Erdoberfläche herrschen. Erkannt wurde dieses Phänomen, weil sich Ölfelder wieder auffüllten. Es gibt also genügend Gründe dafür, warum sich all jene irrten, die daran glaubten, die Welt werde bald nicht mehr über genügend Öl verfügen. Erinnert sei auch daran, dass eine sogenannte Ölkrise 1974 nichts mit einem Mangel an Öl zu tun hatte. Es ging den Multis um ein höheres Preisniveau, das sie weltweit auch durchsetzten. Die Ölkrise war eine Ölpreiskrise.

Eine künstlich erzeugte Energiekrise löste in den westlichen Staaten eine massive Angst vor einem Versiegen der fossilen Energiequellen schon in wenigen Jahrzehnten aus. Zutreffend sind fossile Energieträger wie Öl und Kohle nicht grenzenlos vorhanden, aber immerhin wesentlich reichlicher als bisher angenommen. In Deutschland verbrauchtes Öl stammt aus britischen, niederländischen und norwegischen Quellen in der Nordsee sowie aus Russland. Über das Ozonloch redet heute kein Mensch mehr. Es wurde die Mär vom FCKW verbreitet, ein Verbot zur Nutzung in den Kühlschränken erlassen. In Wahrheit sind Ozonwerte natürlichen Schwankungen unterworfen, abhängig von der Jahreszeit und der Sonnenaktivität. FCKW war am Ozonloch völlig unschuldig. Jahrelang galt FCKW als ein sicheres Kältemittel. Jetzt werden in Kühlschränken Kältemittel verwendet, die in Kombination mit Luft, etwa bei einem Leck, ein explosionsfähiges Gemisch bilden.

Klarheit statt Konfusion in Atomfragen

Wenn es um CO^2 geht, spürt die Atomlobby Aufwind. Der Präsident des Münchners Ifo-Instituts für Wirtschaftsforschung, Hans Werner Sinn, fühlt sich von der Klimaschutzbewegung in seinen Thesen bestärkt und plädiert für ein Festhalten an der Kernenergie.

Notwendig ist nach seiner Meinung nicht nur eine Verlängerung der Laufzeiten bestehender Kernkraftwerke in Deutschland. Erforderlich ist auch der Bau von neuen Atomkraftwerken. Atomstrom ist eine billige und „grüne Technologie", weil kein CO^2-Ausstoß entsteht. Er ist überzeugt: „Es gibt kein einziges Land auf der ganzen Erde, das noch aus der Atomkraft aussteigt. Deutschland ist der Geisterfahrer auf der Autobahn." Die Installierung von Kernkraftwerken war und ist immer eine politische, aber keine Marktentscheidung. Regierungen übernehmen eine Verantwortung, die Unternehmer nur übernehmen würden, wenn sich Versicherungen und Konsumenten am Risiko beteiligen würden. Allerdings, auch darauf muss verwiesen werden, wurde die Weltbevölkerung in ihrer Existenz durch die Nutzung der friedlichen Kernenergie nicht existentiell gefährdet. Allein in Deutschland starben im Straßenverkehr von 1986 bis 2000 weit mehr Menschen als möglicherweise durch den Gau von Tschernobyl gemäß einer Hochrechnung bis zum Jahre 2065 sterben könnten.

Es lässt sich konstatieren, die Atomlobby hat ihre Ziele erreicht. Kernkraftwerke fanden weltweit (Ausnahme Deutschland) Akzeptanz – zum wirksamen Klimaschutz und zur Lösung der Energieprobleme. Der amerikanische Präsident Barack Obama hat sich für den Bau von neuen Kernkraftwerken ausgesprochen und dürfte sich kaum scheuen, argumentativ die ICPP-CO^2-Thesen zu nutzen. In den USA gibt es 104 Kernkraftwerke, sie decken ein Fünftel des Energiebedarfs, und wenn jetzt weitere Kernkraftwerke gebaut werden, dient der Klimawandel als Begründung. Schließlich steht doch in der Fibel der deutschen Umweltschützer, „Die Grenzen des Wachstums", auch diese Überlegung: „Wenn der Gebrauch natürlicher Brennstoffe durch die Freisetzung von genügend Kernenergie ersetzt werden sollte, hört auch die Freisetzung von Kohlendioxid auf, vielleicht, wie man hofft, ehe es messbare ökologische und klimatische Wirkungen hinterlassen hat."

Das Problem mit der Endlagerung von abgebrannten Brennstäben haben auch die USA. Auch dort gibt es Bürger, die nichts gegen Kernkraftwerke haben, aber sehr viel gegen eine Endlagerung vor ihrer Haustür. Das Prinzip nennt man: Not in my backyard! Längerfristig könnte sich eine andere Lösung als die Endlagerung abzeichnen. In den

USA, in Japan, auch in einigen anderen Ländern forschen Kernphysiker an einem Verfahren („Transmutation"), mit dem in absehbarer Zeit Atommüll unschädlicher gemacht werden kann. Lange galt es physikalisch als undurchführbar, hochradioaktiven Abfall von einer permanenten Strahlung zu befreien Aber nun sind Kernphysiker zuversichtlich hinsichtlich der Entstrahlung und einer Reduzierung von Halbwertzeiten. Diese Alternative wird nach den Aussagen der Wissenschaftler in 20 Jahren Realität sein und in zehn Jahren soll es die erste Demonstrationsanlage geben. Nur was möglich ist, dürfte nicht immer auch machbar sein. Stets stellt sich die Frage der Finanzierung. Greenpeace ist von diesen Aussichten gar nicht begeistert. Man möchte lieber bei der Endlagerung bleiben. Schließlich hat sich die Anti-Atom-Bewegung an die Demos gegen Castor Transporte gewöhnt. Darauf zu verzichten, dürfte den Aktivisten nicht leicht fallen.

Neue Kernkraftwerke sind den Befürwortern der Kernenergie zufolge emissionsfrei, also umweltfreundlich, weshalb sie sich als Klimaschützer verstehen. Für die Atomlobby besteht daher kein Grund, den Klimaschutz infrage zu stellen, im Gegenteil. Für die Energieerzeugung besitzen Innovationen und alternative Technologien eine zunehmende Bedeutung. Allerdings reicht eine effiziente Energiegewinnung aus Wind-, Sonnen- und Biogasanlagen in den nächsten Jahrzehnten nicht aus, um den gesamten Energiebedarf zu decken. Selbst wenn sich bis zum Jahre 2050 der Strombedarf weitgehend mit etwa 50 Prozent alternativen Technologien abdecken ließe, bleiben Wasserkraftwerke, Erdgas und Kohlekraftwerke noch notwendig. Inwieweit die Kernfusion eine Alternative bietet, bleibt abzuwarten.

Nach wie vor wird an Mini-Reaktoren gearbeitet, die billig und sicher sein sollen und in denen eine Kernschmelze ausgeschlossen ist. Die US-Regierung will für die Kernforschung und Entwicklung von Kleinreaktoren im Jahre 2012 853 Millionen Dollar aufwenden. Kernphysiker haben die Nutzung der Kernenergie ohne die uns bedrohenden Gefahren ins Visier genommen. Angestrebt wird in Deutschland, unsere Energieprobleme unabhängig von der Kernenergie zu lösen, deren Abfallprodukte uns gegenwärtig noch für Jahrhunderte ein schwer lösbares Problem bescheren. Im Jahre 2009 wurden 16 Prozent des produzierten Stroms auf ökologische Weise erzeugt. Daran ist der Strom aus Windenenergie mit 40 % und aus Biomasse mit 33 % beteiligt. Wasserkraft kommt auf 20 % und die Solarenergie auf 6 %. Eine optimistische Erwartung besteht darin, bis zum Jahre 2025 den Anteil dieser Stromerzeugung auf 35 Prozent zu steigern. Vielleicht ist eine Steigerung der Nutzung alternativer Technologien möglich. Aber niemand, auch nicht die Gutmenschen, kommt an der Tatsache vorbei, dass wir weiterhin auf die Nutzung fossiler Brennstoffe angewiesen bleiben. Energieträger wie Kohle, Erdgas und Öl haben noch lange nicht ausgedient.

Die „Organisation für wirtschaftliche Entwicklung und Zusammenarbeit" (OECD) gelangte in ihrem Weltenergiebericht zu dem Ergebnis, mit den derzeitigen Energiesparprogrammen lassen sich die Klimaschutzziele nicht erreichen. Ohne Öl und Kohle geht in den nächsten 25 Jahren nichts. Eine Tatsache, an der sich Umweltschützer vorbeizumogeln suchen und sich der Realität verweigern. Von 40 Millionen Haushalten beziehen in Deutschland ca. 2,6 Millionen Haushalte Öko-Strom. Allerdings verlassen sich die Anbieter dieses Stroms überwiegend auf Stromquellen im Ausland. Sie nutzen Wasserkraftwerke in Norwegen und Österreich. Windkraft wird in Deutschland auch zur Stromerzeug genutzt, aber bisher eher spärlich. Anbieter wie Naturstrom, Naturwatt und der RWE-Konzern verlassen sich mehr auf Wasserkraft (um 70 bis 80 Prozent). Die Verfechter der Kernenergie besitzen also Argumente für ihre Forderung nach einer Verlängerung der Laufzeit der Kernkraftwerke. Und wenn die Kernkraftgegner auch die Nutzung von neuen effizienteren konventionellen Kraftwerken ablehnen, obwohl diese umweltfreundlich und wesentlich ungefährlicher als AKWs sind, müssten sie Deutschland als Industrienation abschaffen.

Ungewollt sorgten die Umweltverbände also selbst für eine gewisse Pro-Atom-Argumentation, halten sie doch eine drohende Erderwärmung für die größte globale Gefahr der Menschheitsgeschichte. „Nein, danke" besitzt für die Umweltverbände und die Grünen den Charakter eines religiösen Dogmas. Der Tschernobyl-Schock löste berechtigt nachhaltige Ängste aus, aber gegenwärtig sind noch, mit

Ausnahme von Deutschland, Mehrheiten der Bevölkerung sowohl in den europäischen als auch in den asiatischen Staaten davon überzeugt, dass Kernkraftwerke für eine Hochtechnologie beherrschbar und daher sicher sind. Das Reaktor-Unglück von Fukushima dürfte inzwischen einen weltweiten Schock ausgelöst haben. Regierungen, wie in Deutschland und Österreich, haben sich gegen eine Nutzung der Kernenergie ausgesprochen und wollen ihren Bürgern keine Risiken zumuten, die sich aus ihrer Sichtweise offenbar nicht beherrschen lassen. Doch gibt es derzeit weltweit 437 Kernkraftwerke, die viel eher erhöhte Sicherheitsstandards benötigen als die in Deutschland.

In der Frage der technischen Sicherheit lässt sich das Kernkraftwerk Tschernobyl nicht mit dem japanischen Kernkraftwerk von Fukushima vergleichen. Bei Tschernobyl handelte es sich, wie meist von den Grünen und Umweltschützern verschwiegen, um ein Plutoniumkraftwerk mit Graphitlagerung zur Erzeugung von Materialien auch für Atombomben. Der im Kraftwerk befindliche Graphit brannte noch tagelang und löste Wolken aus, die sich in einer größeren Höhe weit verbreiten konnten. Im Umkreis von Tschernobyl wurden Menschen radioaktiv verstrahlt, vor allem Kinder wurden geschädigt und erlitten Krebserkrankungen. All das ist schlimm genug. Aber verglichen mit den Verkehrstoten oder den Todesfällen, die durch zivilisatorische Krankheiten bedingt sind, hatten die Bevölkerungen praktisch keine Toten durch die Existenz der Kernkraftwerke zu beklagen.

Es gibt keine absolute Sicherheit. Und wenn uns Fukushima vor Augen führt, dass ein GAU durchaus möglich ist, den man früher nicht für möglich hielt, müssen sich die Befürworter der Nutzung der Kernenergie der berechtigten Kritik stellen. Zugleich bleibt es eine Tatsache, dass weltweit 437 Kernkraftwerke existieren und weitere 52 geplant oder im Bau sind. Auch in den betriebsbereiten AKWs gab es Störfälle, aber radioaktive Auswirkungen oder gar eine Gefährdung der Bevölkerung bestand offensichtlich nicht. In Europa wurde in sechs Ländern der Bau von neuen Kernkraftwerken genehmigt. Die Nutzung der Kernenergie besitzt in China und Russland, in der Ukraine und in den USA immer noch Priorität. Selbst ein Land wie Polen plant den Bau eines Kernkraftwerks. Ob die Regierungen dieser Staaten nach dem Super-GAU in Japan, dem Reaktorunglück von Fukushima, ihre Atompolitik überdenken und sich bei der Stromerzeugung konventionellen Kraftwerken und der verstärkten Nutzung von alternativen Technologien zuwenden, bleibt abzuwarten. Der Bau neuer AKWs besitzt zumindest eine kritische Seite. Radioaktiv verseuchte Luft bedeutet eine Gefahr für das Leben und die Gesundheit aller Menschen. Da hilft es wenig, wenn sich die Menschen vom Explosionsort einige hundert Kilometer entfernt befinden. Der Wind spielt eine Rolle, verstrahlte Wolken finden nicht immer, wie gehofft, ihren Weg über den Pazifik, sondern wandern zuweilen landeinwärts.

In einem wesentlichen Punkt unterscheidet sich die brisante Situation in Tschernobyl vom Kernkraftwerk Fukushima. Beim Unglück von Tschernobyl konnten große Mengen von radioaktiven Stoffen ins Freie gelangen, weil das in diesem Reaktor befindliche Graphit tagelang brannte. Mit der aufsteigenden Luft breiteten die radioaktiven Stoffe sich ständig aus. Bei den in Japan verwendeten Reaktoren wurde kein Graphit verwendet, so dass ein derartiger Brand nicht möglich war.

Trotz ständiger Erdbebengefahr setzte das rohstoffarme Japan bei der Energiegewinnung auf Kernkraft. Rund ein Drittel des Strombedarfs stammt aus den mehr als 50 Atomkraftwerken. Der Raum Tokio-Yokohama ist eine dicht besiedelte Region, wodurch die Gesamtsituation noch verschlimmert wurde. Dass die japanische Bevölkerung trotz eines Erdbebens, das mit dem Erbeben vor 140 Jahren vergleichbar ist, und dem Super-Gau eine erstaunliche Gelassenheit bewahrte, dürfte mit einer gewachsenen historischen Erfahrung zusammen hängen. Schon die japanischen Kinder lernen, sich darauf einzustellen, dass die Erde wackeln kann. Dass es zu einem Reaktor-Unglück kommen konnte, darauf war die japanische Bevölkerung allerdings nicht vorbereitet. Die Menschen in Tokio fühlten sich bis dahin in Sicherheit. Die Konstrukteure waren nicht davon ausgegangen, dass ein Kernkraftwerk von einer vierzehn Meter hohen Flutwelle getroffen wird. Ein derartiges Szenarium lag außerhalb ihrer Vorstellungskraft. Nicht ganz. Das japanische Atomkraftwerk Onagava, nur 120 Kilometer vom Atomkraftwerk Fukushima entfernt, überstand den Tsunami ohne jeden Schaden. Man hatte beim Bau mit einer Flutwelle von neun Metern gerechnet, aber das Kraftwerk vorsichtshalber auf einen 15 Meter hohen Sockel errichtet. Das sollte sich jetzt für die Betreibergesellschaft Tohoku Electric Power Company auszahlen. Nicht jedes Kraftwerk, zumal es unterschiedliche Reaktortypen gibt, gleicht Fukushima, wie vorwiegend in den deutschen Medien behauptet wurde.

Dass die Explosion im japanischen Kernkraftwerk Fukushima weltweit Angst und Schrecken auslöste, ist zwar verständlich, aber die Reaktionen bei der deutschen Bevölkerung sind eher als hysterisch zu bezeichnen, bestand doch für sie keine Gefährdung durch einen Reaktor-Unfall. Ängste wurden geschürt und instrumentalisiert. Dabei lag den verantwortlichen Politikern weniger das Schicksal japanischer Bürger am Herzen. Ihr Blick richtete sich auf anstehende Landtagswahlen. Dass in Deutschland ein ähnliches Erdbeben mit 9,0 auf der Richterskala bevorsteht, ist äußerst unwahrscheinlich und dürfte der Grund dafür sein, dass die Menschen in den Nachbarländern Deutschlands wohl besorgt, aber auf die Ereignisse in Japan nicht hysterisch reagierten.

Japan besitzt keine Rohstoffe, schon deshalb wird es keinen Ausstieg aus der Atomkraft geben. Aber Japan wird in Zukunft Erdwärme nutzen. Die ist reichlich vorhanden, um einen Segen der Natur für die Erzeugung von Strom zu nutzen. Erdwärme könnte in Japan zukünftig die Atomenergie für die Stromerzeugung ersetzen. Experten schätzen, Japan könnte mit geothermischen Kraftwerken 15-20 Kernkraftwerke ersetzen. In den USA wird der Strombedarf einer Stadt wie San Francisco schon weitgehend in einem Erdwärmekraftwerk produziert.

Ein besonders ehrgeiziges Ausbau-Programm für Atomkraft besitzt China. Vize-Umweltminister Zhang Lijun erklärte: „An unserer Entschlossenheit, Atomkraftprojekte zu entwickeln, wird sich nichts ändern ..." Das sagte der Minister nach dem Reaktor-Unglück in Japan und setzt offenbar auf die Sicherheit der chinesischen Kraftwerke. Immerhin soll es in China bis zum Jahre 2015 28 neue Atomanlagen mit Dutzenden von Reaktoren geben. Kritische Stimmen erheben sich auch in China. Schließlich liegt Japan in der Nähe. Selbst wenn man den Bau von neuen Kernkraftwerken überdenkt, einen überstürzten Ausstieg wie in Deutschland wird es kaum geben.

Zudem sind in China zwei Kugelhaufenreaktoren geplant und diese sind angeblich so konstruiert, dass eine Kernschmelze nicht möglich ist. In den gegenwärtigen Kernkraftwerken befindet sich der Brennstoff in langen Stäben. Diese Stäbe bilden gemeinsam den Reaktorkern, in dem die Kernspaltung und Energiegewinnung stattfindet. Bei einem Kugelhaufenreaktor wird der Kernbrennstoff auf viele kleine Kugeln verteilt und jede Kugel ist für sich mit einer extrem harten Mantelschicht versiegelt. Auch bei sehr hohen Temperaturen bleiben das Uran und seine Spaltproduktion in diesen Kugeln sicher eingeschlossen. Der Kugelhaufenreaktor ist so dimensioniert, dass nach dem Abschalten des Reaktors nur soviel Wärme entsteht wie sich problemlos über die Außenwände abgeben lässt. Damit ist eine Kernschmelze nach den Aussagen der Kernphysiker auch beim Ausfall der Kühlsysteme nicht möglich.

Entwickelt wurde diese Konstruktion in Deutschland, in Dresden, von den dort forschenden Kernphysikern. Allerdings wurde die Entwicklung von Kugelhaufenreaktoren in Deutschland aus politisch-ideologischen Gründen eingestellt. Dafür wurde diese Technologie von Ländern wie Südafrika, Japan und China gefördert und in diesen wie auch in weiteren Ländern lässt sich eine Renaissance der Kernenergie nicht ausschließen. Von den Experten wird der Einsatz von Druckwasserreaktoren und Hochdruckreaktoren gefordert, als Alternative zum Schnellen Brüter und anderen Reaktorarten. Eine größere Sicherheit ließe sich also bei Kernkraftwerken erreichen. Aber die ganze Problematik der anfallenden Abfälle und des aufwendigen Betriebes bleibt bestehen.

Auch wenn die Wahrscheinlichkeit als äußerst gering einzuschätzen ist, lässt sich ein Super-GAU nie ganz ausschliessen. Dass auch in China kritische Stimmen mehr Gehör finden, lässt sich dem chinesischen Parteiblatt „Global Times" entnehmen: „Wir glauben heute keinem, der uns bei unseren Atomkraftwerke verspricht, das da niemals etwas passieren kann." Beim ehrgeizigen Atomprogramm der Chinesen stellt sich die Frage, ob China über das geschulte Personal verfügt, um einen sicheren Betrieb seiner Kernkraftwerke zu gewährleisten. Zweifelhaft dürfte auch sein, ob Frankreich mit seinen 59 Kernkraftwerken, ein weiteres ist geplant, auf die Nutzung der Kernenergie verzichtet, schließlich decken diese fast den gesamten Strombedarf, nämlich rund 80 Prozent. Wenn auch in Frankreich Forderungen nach einem Atomausstieg laut werden, ist eine Umstellung in wenigen Jahren ohne die Nutzung von konventionellen Kraftwerken nicht realistisch. Gleiches gilt für Länder wie Russland, Ukraine, Schweden, die USA oder Kanada. Es ist sehr unwahrscheinlich, dass es weltweit einen Ausstieg aus der Nutzung der Kernenergie geben wird. Die Kernphysiker sind nicht untätig geblieben und bei den Reaktoren der vierten Generation davon überzeugt, dass diese sicherer und wirtschaftlicher werden, die Kernbrennstoffe effizienter nutzen und man den strahlenden Atommüll gut entsorgen kann.

Es soll sich bei den neuen Kraftwerken um eine nachhaltige Reaktortechnologie handeln, womit sich die begrenzte Ressource Uran effizienter als bisher nutzen lässt. Bedingt durch eine neue Konstruktion lässt sich eine Kernschmelze ausschließen. Prof. Bruno Thoauske von der RWTH Aachen ist überzeugt: „Schnelle Reaktoren können auch zum Vernichten von radioaktiven Müll genutzt werden..." Selbst wenn es in Deutschland keine Kernkraftwerke mehr gibt, könnte eine Transmutation, also Entstrahlung, für unseren vorhandenen Atommüll Bedeutung besitzen. Selbst verkürzte, reduzierte Halbwertzeiten wären schon ein Fortschritt. Nach den erfolgreichen Machbarkeitsstudien soll es eine Versuchsanlage für Transmutation in Belgien (Myrrha) geben. Bei dem Material, das in den abgebrannten Brennstäben enthalten ist, handelt es sich um extrem hochwertige Rohstoffe. Für die Energiegewinnung lassen sich viele Spaltprodukte umformen, so z.B. durch Brüten.

Eine Genehmigung für längere Laufzeiten von alten Kernkraftwerken besitzt in Deutschland bei einer Mehrheit der Bevölkerung keine Sympathie, nach dem Reaktor-Unglück in Japan noch weniger. Das wird allerdings dann problematisch, wenn den Marktteilnehmern zwar grüner Strom aus der Nutzung von alternativen Technologien angeboten wird, dieser sich aber nicht als unbezahlbar erweist. Werden die

Stromkunden für die Entwicklung und Nutzung erneuerbarer Energien in den nächsten Jahren zur Kasse gebeten, dürften sich die Strompreise Jahren deutlich erhöhen. Es könnte passieren, dass sich allen Gruppen, besonders wenn sie sich einem CO_2-Dogma verpflichtet fühlen, die Frage nach einer Alternative stellen. Windparks, die ja weite Flächen einnehmen, auch die Landschaft verschandeln, genießen bei den Menschen in den Dörfern und Kleinstädten wenig Sympathie. Es gibt auch Bürgerproteste gegen neue Stromtrassen. So werden Demonstrationen von Bürgerinitiativen, übrigens auch von den GRÜNEN, organisiert, um notwendige Öko-Stromleitungen zu verhindern. Unerwünscht sind besonders Oberleitungen, wobei übersehen wird, dass der Bau von unterirdischen Stromleitungen wesentlich höhere Kosten erfordert. In Deutschland fehlen 3.000 Kilometer Stromleitungen und das führt jetzt schon dazu, dass aus bei einem kräftigen Wind der Strom aus einem Windpark in Nordfriesland nicht weiter geleitet werden kann und die Windräder abgeschaltet werden müssen.

Gelingt es in den nächsten zwei Jahrzehnten nicht, ausreichend bezahlbaren Strom mit alternativen Technologien zu erzeugen, lässt es sich nicht auszuschließen, dass Deutschland seinen Strombedarf als Industrienation importieren muss: Atomstrom aus Frankreich oder Schweden. Dazu muss es nicht kommen, solange Brückentechnologien wie Gas, Kohle, Öl für den Strombedarf zur Verfügung stehen und sich für die Zukunft eine Energieerzeugung mit Windparks und Solaranlagen wirtschaftlich nutzen lässt. Vorgesehen ist in Deutschland der Bau von acht bis zwölf Gaskraftwerken bis zum Jahre 2020, um die wegfallende Atomkraft zu ersetzen. Das einzige Land in Europa ohne ein Kernkraftwerk ist Österreich, was dementsprechend von Atomkraftgegnern gelobt wird. Zum Glück besitzt Österreich viele Stauseen, kann die Wasserkraft für die Stromerzeugung nutzen, etwa zu 67 Prozent des Bedarfs. Für 30 Prozent wird Kohle und Erdöl für die Stromgewinnung verwendet und nur ca. 3 Prozent des Strombedarfs lassen sich mit Wind und Sonne erzeugen.

Entwicklungen brauchen Zeit und es wird auch eine Lösung für eine Energiespeicherung geben. Was noch fehlt, sind leistungsfähige Speichersysteme für elektrische Energie. Das Problem ist,

Umweltschützer orientieren sich an ihren Vorurteilen, ihren Wünschen, es fehlt der Mut, sich mit den Problemen sachgerechter zu befassen.

Stets ist es bedenklich und wissenschaftlich schwer vertretbar, mit unsicheren Hypothesen zu arbeiten, weil angenommene Daten, Zahlen und Werte einer nicht kalkulierbaren Veränderung unterliegen. Besonders Themen wie Umweltschutz, Klimaschutz und CO_2 sind bei den Ideologen verschiedener Schattierung beliebt, aber weniger um einen Beitrag für die Lösung aktueller Probleme zu leisten. Vielmehr erfüllen bestimmte Thesen häufig eine Rechtfertigungs-Funktion für das eigene ideologisch geprägte Weltbild. Die Bundesregierung, hoch verschuldet, versetzte sich mit der CO_2-These in die Lage, Wirtschaft, Gesellschaft und Bürgern mit horrenden Abgaben und Kosten zu belasten. Dafür genügt die Formel „Klimaschutz". Dem kann sich inzwischen niemand mehr widersetzen, ohne als Leugner – ähnlich wie beim Holocaust – gebrandmarkt zu werden. Ignoranz ist also angesagt. Dafür sind einige eifrige Wissenschaftler ebenso anfällig wie Politiker. Ein industrieller Komplex verbindet sich mit einer vermeintlichen Moral der „Anständigen" und geht einher mit der Unterbindung jeglicher Kritik. Wem nutzt das?

Die Regierung verfolgt eine rigorose Steuerpolitik. Dafür gibt es den transparenten Bürger, (Steuernummer vom Baby bis zum Greis). Steuern sollen vorgeblich den maroden Haushalt konsolidieren. Dazu dient auch eine latente Inflation, eine fortwährende Entwertung des Geldes.

Völlig verdrängt werden die wirklichen Weltkatastrophen, wozu der Nationalsozialismus gehörte, auch der Kommunismus mit seinem volkswirtschaftlichen Desaster, den Arbeitslagern, den Umweltschäden, den 100 Millionen Toten. Rüstungswahn, Militarismus, Kriege, Gefährdung der Menschenrechte, Unterernährung von Millionen Menschen, Armut und Elend gibt es noch in weiten Teilen der Welt. Das sind die wichtigen, dringend anzugehenden aktuellen Probleme.

Die Wahrnehmung der wirklichen Probleme ist auch ein Grundanliegen von Günter Ederer: „Während sich der Rest der Welt langsam, aber sicher von der Idee des menschengemachten Klimawandels

29

verabschiedet, hält Deutschland unverdrossen daran fest, dass der CO^2-Ausstoß etwas kosten sollte ..." Warum? Der deutsche Staat braucht Einnahmequellen, und was eignet sich da besser als eine CO^2-Steuer, gegen die sich niemand zu wehren wagt.

Ein Kartenhaus stürzt ein

Der sogenannte Weltklimarat oder „Intergovernmental Panel on Climate Change, IPCC" wird als eine „absolute Wahrheitsinstitution" von den Regierungen dargestellt und in diesem Sinne von der manipulierten Öffentlichkeit wahrgenommen und akzeptiert.

Dabei eignen sich die ICCP-Berichte absolut nicht für eine Festlegung von endgültigen Gewissheiten. Weil sich die Ursachen von klimatischen Veränderungen nicht eindeutig bestimmen lassen, schon gar nicht für längere Zeiträume, in denen man es wieder mit neuen Daten und Fakten zu tun hat, die niemand voraussehen kann, erscheinen die Aussagen vom IPCC mehr und mehr in einem Zwielicht. Dass der ICPP viele Faktoren wie die Sonnenaktivität oder die Meeresströmungen bei seinen Voraussagen nicht beachtete, sich die Wolkenbildungen gar nicht erfassen lassen, weshalb es auch keine zuverlässige Wettervorhersage gibt, machte den Klimarat für viele seriöse Wissenschaftler unglaubwürdig.

Wer war dafür verantwortlich? Einer der Hauptakteure in diesem Spiel mit falschen Daten und gezinkten Karten ist der ICPP-Vorsitzende Rajendra Kumar Pachauri, ein indischer Eisenbahn-Ingenieur und Lobbyist zahlreicher Unternehmen. In seiner Funktion wurde ihm gemeinsam mit Al Gore der Friedensnobelpreis verliehen. Pachauri steht zunehmend in der Kritik. Pikant ist auch, dass Pachauri Urheber der höchst fragwürdigen These ist, Inselstaaten wie die Malediven seien dem Untergang geweiht. Zwar fordern inzwischen deutsche Klimaforscher nach den nicht mehr zu verheimlichenden Pannen Pachauris seinen Rücktritt von seinem Amt als Chef des Klimarats, aber selbst wenn Kritiker, darunter der Direktor des Hamburger Max-Planck-Instituts, Hartmut Graßl, von Schlampereien reden, ist ihnen die Tragweite der falschen Aussagen über den

Klimawandel offenbar noch nicht bewusst.

Über die erstaunlichen Wirtschaftsaktivitäten von Rajendra Kumar Pachauri berichtete am 13. Dezember 2009 der „Daily Telegraph": „Dr. Pachauri hat ein weltweites Portfolio aufgebaut mit Geschäftsinteressen und milliardenschweren Investitionen, deren Erfolg von Empfehlungen des ICPP abhängt." Damit war die Katze aus dem Sack. Allerdings konstatieren wir auch ein Verschulden der Medien und das ist wohl der eigentliche Skandal. Sie betrieben und betreiben eine bewusste Irreführung der Öffentlichkeit, indem sie jede Kritik an einer nahenden Klimakatastrophe sogar als „menschenfeindlich" outeten. Noch schlimmer, sie forcierten das Geschäft mit der Angst und plädieren für eine Herrschaft von Meteorologen, eine staatsplanwirtschaftliche Weltregierung. Dass zwei Drittel der Teilnehmer des 33. Geologenkongresses 2008 in Oslo den vom ICPP verbreiteten Vorstellungen vom „menschengemachten Klimawandel" ablehnend gegenüber stehen, wurde der Öffentlichkeit schlicht verschwiegen.

Dass Wissenschaftler es mit den wirklichen Fakten nicht so genau nehmen, sie Daten frisieren und auch fälschen, um ein politisch gewünschtes Ergebnis vorzuspiegeln, war seit Jahren bekannt, und der „Climagate" sorgte dafür, dass die merkwürdigen Korrespondenzen dieser sogenannten Experten der Öffentlichkeit publik wurden. Hackern war es gelungen, den Server der Universität East Anglia in Norwich zu knacken und hunderte privater e-mails und Dokumente von prominenten Wissenschaftlern zu entschlüsseln. Diesem Schriftverkehr war zu entnehmen, dass die Klimaforscher massenweise Daten fälschten, um die politisch gewollte These zu belegen, unser Klima wird durch das von Menschen verursachte CO^2 nachteilig verändert. Die gefälschten Daten wurden dem UNO-Klimarat übergeben, mit denen dann der ICPP seine Warnungen verbreitete, dass das vom Menschen verursachte CO^2 ein Klimakiller sei und mit allen Mitteln reduziert werden muss. Phil Jones, Klimatologe, Leiter der Climate Research Unit (CRU) schrieb an Michael E. Mann, Paläoklimatologe an der Pennsylvania State University: „I've just completed Mike's Nature trick of adding in the real temps to each series fort he last 20 years (from 1981 onwards) and from 1961 for Keith's to hide the decline." Es ging um einen Trick der Nichtwahrnehmung eines Temperatur-rückgangs. Man wollte der Öffentlichkeit verschweigen, dass es einen Temperaturrückgang im 20. Jahrhundert gab, aber bei steigenden „menschengemachten" CO^2-Emissionen. Die Grundthese der Kausalität bei einer sogenannten Erderwärmung mit den steigenden CO^2-Emissionen wurde ausgerechnet von den Forschern widerlegt, die das Gegenteil beweisen wollten.

Dass er schlampig gearbeitet hat, räumte der Klimatologe Phil Jones ein. Auch sei er jetzt der Meinung, dass es seit 1850 zwei Perioden mit weltweit ähnlicher Erderwärmungstendenz gegeben habe und dass es möglicherweise im Mittelalter absolut wärmer gewesen sein könnte als heute. Jones bestätigt auch, was Kritiker stets betonten, es sei zuletzt nicht mehr signifikant wärmer geworden – seit 1995. Dass von 1945 bis 1975 der CO^2-Anteil in der Atmosphäre zunahm, die Durchschnittstemperaturen auf der Erde aber sanken, bestätigte nur, was der Klimatologe Phil Jones zähneknirschend einräumte: Es gibt Zeiten mit steigenden CO^2-Emissionen bei sinkenden Temperaturen. Aber Jones gab das nur zu, weil er von Hackern überführt wurde, die seine Korrespondenz entschlüsselten. Nachdem dieser Schwindel aufflog, erhielt Phil Jones Morddrohungen, dachte er sogar an Selbstmord. Gegenüber der „Sunday Times" erwähnte er seinen „David Kelly-Moment". David Kelly, ein britischer Biowaffenexperte, gehörte 2003 zu einer Kommission, die im Irak Massenvernichtungswaffen suchte und angeblich auch fand. Ein haltloser und aufgebauschter Bericht diente dann der britischen Regierung, um den Krieg gegen Saddam Hussein zu begründen. Nach einem Bericht der BBC war David Kelly der Informant mit den falschen Angaben. Diese Annahme erwies sich als zutreffend. David Kelly befand sich in einer ausweglosen Lage und wählte den Freitod.

Nach den Geständnissen von Phil Jones gab es in England einen gravierenden Meinungsumschwung. Glaubten im November 2009 noch 41 Prozent der Briten an einen von Menschen verursachten Klima-wandel, waren es Anfang Februar 2010 nur noch 25 Prozent. Da die Forschungen des ICPP (Ergebnisse, die verwertet werden) einseitig ausgerichtet sind, die geforderte Komplexität nicht aufweisen, besitzt der Weltklimarat ein Glaubwürdigkeitsproblem. Das Kartenhaus ICPP (Weltklimarat) ist eingestürzt. Auffallend ist, dass besonders die deutschen Medien schweigen. Auch in den anderen Staaten der westlichen Welt ist die Skepsis beträchtlich gestiegen, und besonders in England finden die Retter der Welt keine Sympathie mehr.

Dumm gelaufen, ausgerechnet ein Engländer wie Phil Jones, Klimatologe und Leiter der University of East Anglia im britischen Norwich, war der wichtigste Datenlieferant des ICPP und ausgerechnet dieser Wissenschaftler musste die Fälschung von Daten öffentlich eingestehen. Und das eben nicht freiwillig, sondern unter Zwang. Gäbe es nicht die Aktion der britischen Hacker, nicht die Aufdeckung seiner Korrespondenz, Phil Jones hätte wahrscheinlich seine „Daten" verschwiegen, und genau das wird ihm jetzt von der britischen Öffentlichkeit verübelt. Kevin Trenberth, Atmosphärenforscher des National Center for Atmospheric Research, gestand: „Fakt ist, dass wir das derzeitige Ausbleiben der Erderwärmung nicht erklären können, und es ist ein Hohn, dass wir es nicht können." Dass sich nach dieser Affäre ein parlamentarischer Untersuchungsausschuss um Schadensbegrenzung bemühte, versteht sich von selbst. Prof. S. Fred Singer, Physiker aus den USA, forderte eine lückenlose Aufklärung des „Climategate"-Skandals. Nur wer sollte daran wohl ein Interesse haben?

Man bekommt den Eindruck, Klimaforscher rühren im Kaffeesatz, wählen sich Daten nach ihrem Gusto aus und schaffen sich ihr vir-tuelles Weltbild, das sie dann für die Realität halten. So darf man sich nicht wundern, wenn es noch schlimmer kommt. Die CRU Wissenschaftler vernichteten Temperaturaufzeichnungen der letzten 150 Jahre mit der Begründung: „We have 25 years or so invested in the work. Why should I make the data available to you, when your aim is to try and find some thing wrong with it!" (Wir haben etwa 25 Jahre in die Arbeit in investiert. Warum soll ich Ihnen die Daten zugänglich machen, wenn es Ihr Ziel ist, zu versuchen und herauszufinden, dass etwas mit ihnen nicht stimmt?) Zu diesem höchst verdächtigen Sachverhalt Günter Ederer: „Die Basiszahlen für die Berechnungen des ICPP sind im federführenden britischen Institut der Universität Norwich vernichtet worden. Für seine die Welt aufrüttelnden Beispiele in seinem Film ‚Eine unbequeme Wahrheit' hat sich das Büro Al Gore entschuldigt..." Da seien Zahlen und Daten ungeprüft übernommen worden, meinte Roger Pielke in der „New York Times" am 23. Februar 2009. Wegen den offensichtlichen Lügen und Fehler wurde der Al Gore Film vom High Court in England und Wales für den Schulunterricht verboten. Allerdings in Deutschland gehört dieser Film unbeanstandet zum Schulunterricht. Vielleicht machen deutsche Lehrer eher in die Hose, bevor sie einen Sachverhalt aufdecken. Nur, mit Daten zu arbeiten, die nicht stimmen, das gehörte und gehört beim ICPP zum Alltag. Dass immer mehr Wissenschaftler auf Distanz gingen, wurde von unseren Medien, ganz besonders in Deutschland, verschwiegen.

Die britischen Hacker deckten auf, wie bestimmte Forschungsergebnisse in eine Richtung gebracht werden, entsprechend den Vorstellungen von Umweltverbänden wie Greenpeace. Den Funktionären dieser Organisationen geht es in erster Linie um ihre Existenzberechtigung. In der Werbung und Propaganda von Greenpeace spielen das Abschmelzen der Gletscher, die Eisschmelze in der Antarktis, das Ansteigen der Meeresspiegel, die in ihrer Existenz gefährdeten Eisbären, eine ebenso große wie gravierende Rolle.

Diensteifrig verbreitete der ICPP, wofür der Vorsitzende Rajendra Kumar Pachauri maßgeblich verantwortlich ist, die These, dass die Himalaja-Gletscher bereits im Jahre 2035 verschwunden seien, wofür es aber kein Indiz gibt. Dann gingen andere Wissenschaftler ganz auf die sichere Seite: gemeint sei vielmehr das Jahr 2350. Nun das ist wohl ein etwas zu krasser und auch ein sehr fragwürdiger Unterschied.

In Kopenhagen, Treffpunkt der Klimaschützer im Dezember 2009, forderten die Demonstranten nicht etwa von den Regierungsvertretern eine Aufklärung über die Pannen und Fehler im ICPP. Nein, sie demonstrierten schlicht und ergreifend für ein härteres Durchgreifen der Regierungen gegen Klimaschädlinge, insbesondere gegen die Industriegesellschaft. Schmeichelhaft für die Regierungen, sie besitzen die Unterstützung von breiten Schichten der Bevölkerung.

Die elftägige Konferenz in Kopenhagen verursachte mit 16.500 Teilnehmern rund 41.000 Tonnen CO^2, ein Verbrauch, der dem einer Stadt von 150.000 Einwohnern während der gleichen Zeit entspricht. Die Anreise der Akteure gegen den Klimawandel erfolgte in Flugzeugen und Luxuskarossen. Die Prominenz übernachtete in den Fünfsternehotels. Im sogenannten Kyoto-Protokoll soll es weltweite Vereinbarungen für einen Emissions-Rechte-Handel geben, womit man die reichen Industriestaaten zwingt, Emissionszertifikate von den ärmeren Ländern zu erwerben, um überhaupt produzieren zu können. Damit wird die heimische Produktion verteuert, aber den ärmeren Ländern nicht geholfen. Robert Mugabe, Simbabwe, könnte z.B. solche Emissionsrechte vergeben, sich also weiter bereichern. Sehr weit aus dem Fenster hängte sich der Berater der deutschen Bundesregierung Prof. Dr. Hans Joachim Schellnhuber, der seinen persönlichen Beitrag zur Hysteriesteigerung einbrachte und sich mit seinen Angstprognosen so profilierte: „Alle Erkenntnisse über den Klimawandel weisen darauf hin, dass die Situation noch viel schwieriger ist als vor wenigen Jahren befürchtet. Viele Worst-Case-Szenarien werden von der Wirklichkeit übertroffen. Uns Klimaforschern ist schon lange bewusst, dass die Fluchttür beim Klimawandel nur noch eine Handbreit offensteht."[9] Er geht scharf ran, dieser Regierungsberater. So behauptet er, dass es zum Ende dieses Jahrhunderts eine Hochzivilisation, wie wir sie heute noch kennen, nicht mehr geben wird. Bei Beratern von diesem Kaliber wird die deutsche Bundesregierung jede Kritik am ICPP ignorieren, aus-sitzen und mit einer vom Steuerzahler propagierten Kampagne die These verbreiten, die deutsche Bevölkerung sei in ihrem Verhalten verantwortlich für die kommende Klimakatastrophe. Diese Ignoranz finden wir quer durch die Parteien, und die professionellen Klima-hysteriker wie Sigmar Gabriel oder Jürgen Trittin dürften da unbe-lehrbar bleiben.

Es gibt wichtigere Probleme auf der Welt als einen dubiosen Klima-schutz, auch könnten die Milliarden, die für eine nicht notwendige CO^2-Reduzierung aufgewendet werden, eine sinnvollere Verwendung finden, wir könnten dafür Sorge tragen, Armut und Not zu verringern, den Völkern, die nicht über den Wohlstand der Industrienationen

---

[9] H. Bachmann, 2010, S. 158.

verfügen, in ihrer Entwicklung zur Selbsthilfe effizienter helfen, aber wir haben es mit einer Einheitsfront von Weltverbesserern zu tun, die im Klimaschutz ihren Religionsersatz sehen.

Aber die Einheitsfront der Weltverbesserer verliert an Geschlossenheit. Die britische Royal Society gehörte weltweit zu den lautstärksten Warnern vor einem menschengemachten Klimawandel. Ihr Präsident, Lord May, duldete keine Kritik, keinen Widerspruch: „Die Debatte über den Klimawandel ist beendet!" Der neue Präsident, Lord Rees, schlägt plötzlich andere Töne an: „Der Klimawandel ist eine äußerst wichtige Angelegenheit, doch die öffentliche Debatte darüber wurde zu oft vernebelt durch Übertreibungen und Fehlinformationen...". Hatte noch der alte Präsident Skeptiker und Kritiker als Spinner verunglimpft, wird das Thema Klimawandel plötzlich polarisiert, sollten sich die Wissenschaftler allen Sichtweisen mit dem nötigen Respekt öffnen. Nun sollte Wissenschaft immer auf Skepsis beruhen, und Thesen sollten sich im Lichte der Beweislage ändern oder anpassen, aber das ist eigentlich für jeden ernsthaften Wissenschaftler eine Selbstverständlichkeit. Ohne Zweifel haben die Skeptiker unter den Gelehrten einiges bewirkt, allerdings bleibt die blamable Tatsache: Ohne die britischen Hacker wäre das Kartenhaus „Weltklimarat" nicht eingestürzt. Freilich ist das auch ein Indiz für die Notwendigkeit des Widerstandes, der Aufklärung, gegenüber den politischen Machtzentren. Immerhin finden kritische Stimmen mehr und mehr Gehör. In den USA sank die Zahl der Amerikaner, die die Erderwärmung für ein schwerwiegendes Problem halten, von 44 Prozent auf 35 Prozent (2008), und in Deutschland haben nur noch 42 Prozent Angst vor einem Klimawandel, gegenüber 62 Prozent im Jahre 2006.

Unbequeme Fakten

Wenden wir uns einigen aktuellen Thesen zu, wie sie zur Manipulation der Öffentlichkeit vom ICPP genutzt werden, so wird aus einem angenommenen Rückgang der Gletscher in den Alpen, oder wenn uns in der Karibik mal wieder ein Hurrikan überraschte, stets auf die nahende Klimakatastrophe geschlossen. Hapert es an der Sachkompetenz, hat es auch damit zu tun, dass kritische Analysen von

Wissenschaftlern, die sich mit dem ICPP nicht identifizieren, nicht wahrgenommen werden.

- Der Gletscherforscher Gernot Patzelt untersucht das Schmelzen der Alpengletscher. Für den Glaziologen sind diese Schmelzungen weder ungewöhnlich noch bedrohlich. Seit Menschengedenken geht und kommt das Eis, worauf wir Menschen keinen Einfluss besitzen. Zurückweichende Eismassen geben den Boden frei und Patzelt konnte anhand von Untersuchungen der Vegetation und von Baumstümpfen eindeutig belegen, wo heute noch Gletscher sind oder waren, wuchsen einmal Wälder.

- Baumringe ermöglichten eine Klimachronik des Alpenraumes, die 10.000 Jahre zurückreicht. Danach war die wärmste Zeit 4.000 Jahre vor Christus und in der Römerzeit, und im Hochmittelalter war das Klima ähnlich wie heute. Und was nun gar nicht zu den Thesen unserer Klimahysteriker passt: 8.000 vor Christus war es wärmer als heute, sonst hätten die Bäume, die unter den tauenden Eismassen hervorkommen, schlicht nicht existieren können.

- Warmzeiten waren für die Natur und die Landwirtschaft immer gute Zeiten. Im Mittelalter konnte das Vieh in Höhen auf saftigen Wiesen weiden, auf denen würde es heute verhungern. Verständlich, dass der indische Umweltminister, Jairam Ramesh, dem ICPP Alarmismus vorwarf, weil die Gletscher des Himalaja bei Weitem nicht so abschmelzen, wie es der IPCC in seinen Berichten verbreitet. Dazu meinte der Glaziologe Gernot Patzelt: „Die Kritik des indischen Umweltministers deckt sich voll mit den Befunden meiner Himalaja-Expeditionen. Ich war überrascht, wie wenig dort schmilzt...“

Nur dieser Forscher konnte von sich sagen, was die abhängigen und politisch dressierten Wissenschaftler nicht von sich sagen können: „Ich bin frei, ich brauche kein Geld. An den Universitäten und Förderungsinstitutionen kriegen sie ihre Förderung nur, wenn sie die Klimakatastrophe schon in den Antrag schreiben...“

Diese Kritik wird von zahlreichen Wissenschaftlern geteilt und der

Atmosphärenphysiker, Meteorologe Richard S. Lindzen (Massachusetts Institute of Technology), fand hierzu deutliche Worte: „Die Warner einer kommenden Klimakatastrophe haben es auf die staatliche Forschungsförderung abgesehen..." Mit anderen Worten, nur wer in seiner Disziplin eine Klimakatastrophe „wissenschaftlich" bestätigt, findet die finanzielle Unterstützung von Institutionen, die sich der Zielsetzung des ICPP verpflichten.

- Selbsternannte Klimaschützer behaupteten zudem, es gäbe immer mehr Hurrikane, aber auch diese These stimmt nicht. Das Gegenteil ist der Fall. Es gibt statistisch keinen Beleg dafür, dass die Wirbelstürme, die in den letzten 150 Jahren Amerika trafen, in ihrer Zahl oder in ihrer Stärke zunahmen. Das aktivste Hurrikan-Jahr in den USA ist nach wie vor das Jahr 1886, mit sieben an Land gehenden schweren Wirbelstürmen.

- Den schlimmsten Hurrikan gab es 1900 in Galveston (Texas) mit 8.000 Toten. Veränderungen ergaben sich an den Hurrikan-Küsten, immer mehr Menschen ziehen in den USA ans Meer. So lebten 1950 zwischen North Carolina und Texas noch zehn Millionen Menschen am Atlantik, aber 2006 waren es schon 24,8 Millionen. Das war der Grund für die steigenden Kosten der Versicherungen, sie haben es bei Stürmen mit höheren Versicherungsleistungen zu tun, bedingt durch die Wertsteigerungen bei Immobilien. Nur bei den Stürmen war es im letzten Jahrzehnt ruhig. Die meisten Hurrikane gab es 2005, aber die wirklich starken gab es 1950 mit acht Hurrikanen.

- Seit 1998 ist es signifikant global nicht wärmer geworden und die Wassertemperatur auf dem tropischen Atlantik ging sogar zurück. Der deutsche Hurrikan-Experte Thomas Sävert räumte ein, die Hurrikan-Aktivitäten haben in einem Zeitraum, in dem laut ICPP Behauptung der Mensch zum Klimakiller wurde, in keiner Hinsicht zugenommen, weder was die Anzahl noch was die Stärke angeht.

- Bei der Mitgliederwerbung setzt Greenpeace auf den „weißen Eisbär". Die Eisbären, diese majestätischen Geschöpfe, werden angeblich durch die Erderwärmung – verursacht durch die Menschen – ausgelöscht. Dazu eine gute Nachricht. Die Eisbärenpopulation ist in den letzten 40 Jahren – trotz der bösen Erderwärmung – von 5000 auf 25 000 Eisbären angewachsen. Läge uns die Rettung der Eisbären wirklich am Herzen, müssten wir die Jagd auf Robben verbieten. Der Biologe und Zoologe Josef Reichholf verwies darauf, dass Eisbären nicht in der Wildnis leben, um Eis zu lutschen, sondern um ihre wichtigste Nahrung zu jagen, nämlich Robben, – und von denen schlachten die Kanadier in jedem Frühjahr Abertausende. Das wäre ein Grund, warum es den Eisbären schlechter ginge, nicht weil es wärmer wird. Reichholf verdeutlicht eine Sichtweite, die vom ICPP aus geschäftlichen Gründen völlig ignoriert wird. Kältere Klimaphasen waren für die Menschheit die wirklichen Katastrophenzeiten, nicht die Zeiträume wärmeren Klimas. Gerade um eine wachsende Bevölkerung zu ernähren, müssten wir uns ein wärmeres Klima wünschen. Nicht nur die Menschen, auch die Tiere mussten sich stets den klimatischen Veränderungen anpassen. Gelang dieses nicht, starben sie aus wie einst die Dinosaurier, deren Skelette wir in Museen bewundern.

- Beliebt bei den Klimaschützern ist das Märchen vom steigenden Meeresspiegel und zwar deshalb, weil sich damit Ängste auslösen und sehr profitabel vermarkten lassen. Seit der letzten Eiszeit ist der Meeresspiegel um 120 Meter gestiegen und dafür müssten eigentlich Menschen mit ihren Höhlenfeuern verantwortlich gewesen sein. Die Menschheit musste seit Jahrtausenden mit klimatischen Veränderungen fertig werden und immer waren die Warmzeiten erträglicher als die Eiszeiten. Selbst unter der Voraussetzung, das Eis der Pole würde schmelzen, wird der Meeresspiegel nicht steigen. Das liegt schlicht an einer physikalischen Tatsache: das Meer-Eis schwimmt auf dem Wasser, es verdrängt bereits jetzt mit seinem Volumen die entsprechende Wassermenge. Der Meeresspiegel könnte vielleicht sogar sinken. Mit Eiswürfeln in einem Glas Whisky lässt sich ein Versuch starten. Im Gegensatz zum Nordpol könnte die Antarktis an Masse zunehmen, lässt eine Erwärmung mehr Verdunstung zu, fällt Schnee vom Himmel, das Eis wächst, der Meeresspiegel sinkt. Der ehemalige US-Vizepräsident Al Gore brachte den Schwindel in die Welt, wir müssten uns darauf einstellen, dass der Meeresspiegel um mehr als sechs Meter steigen würde. Eine These, die nicht einmal der ICPP stützte, dieser kam auf schlichte 15 bis 30 Zentimeter, woraus – falls es sein sollte – keine Gefahren für die Bewohner an den Küsten entstehen. Al Gore, Geschäftsmann in Sachen Apokalypse, ließ in seiner profitablen Phantasie auch das Grönlandeis abschmelzen, ignorierte dabei allerdings eine Schlussfolgerung des ICPP, dass selbst bei einer Fortschreibung der gegenwärtigen Schmelzgeschwindigkeit der Meeresspiegel bis zum Ende des Jahrhunderts lediglich um acht Zentimeter zunehmen könnte.

In Grönland, es war einmal ein „grünes Land", waren die Temperaturen 1941 höher als heute. Gäbe es die prophezeite globale Erwärmung tatsächlich, würde der Klimawandel mehr Leben retten als zerstören. Im 13. Jahrhundert unterhielten die Wikinger blühende Siedlungen auf Grönland. In Norwegen wurde bis zum Nordpolarkreis Getreide angebaut. In Pommern und Südschottland gab es Weintrauben. Al Gore nahm von diesen und anderen Fakten keine Notiz. Nur britische Richter befanden die Thesen von Al Gore als unwissenschaftlich und einseitig, hingegen kann in Deutschland sein Film Schulkindern gezeigt werden, ohne eine erforderliche kritische Kommentierung. Sorgen machte sich dieser Nobelpreisträger um ertrinkende Eisbären, indes belegte eine Studie lediglich, dass in einem Sturm vier Eisbären ertrunken waren.

In Deutschland unterliegen schon Schulkinder einer ideologischen Indoktrination, und sie werden mit einem Bildungsmaterial versorgt, worin man ihnen vermittelt, es gebe immer häufiger Wetterkatastrophen und diese seien Folge des Klimawandels. Lehrer, offenbar an der Erziehung von blind gläubigen Untertanen interessiert, stellen Aufgaben wie: „Entwickelt aus euren Überlegungen ein eigenes Kyoto-Protokoll für eure Klasse." Den Kindern wird beigebracht, der Wohlstand sei an allem schuld. Der Kohlendioxidausstoß gefährdet die Existenz der menschlichen Gesellschaft und wenn Eltern ihre Kinder mit einem Auto zur Schule bringen, sei das schon verwerflich, es müsste verboten sein. Hinsichtlich intellektueller Redlichkeit ist den verantwortlichen beamteten Lehrern ein besonders schlechtes Zeugnis auszustellen. Da reicht es nicht einmal mehr für die Note sechs. Weil sie die Lehrmeinung, das Treibhausgas CO^2 sei schuld am Klimawandel, offiziell und staatlich verordnet vertreten, handelt sich jeder Schüler, der eine kritische Meinung vertritt, mit seinem Aufsatz im Naturkundeunterricht eine schlechte Note ein. Sobald eine Gegenthese geäußert wird, die nicht mit dem Dogma der Klimahysteriker übereinstimmt, werden Sanktionen fällig. Kinder werden, wie im Nationalsozialismus und im Kommunismus, zu einem Doppelleben gezwungen.

Im Dritten Reich war das Bildungsziel der „gemeinnützige Mensch", in der DDR war es die Erziehung zur sozialistischen Persönlichkeit, und in unseren Schulen ist das oberste Bildungsziel der „klimaverträgliche Mensch." Und sollte da einem Kind eine kritische Frage einfallen, dürfte sein Abitur geschmissen sein. Als ich einmal im Unterricht Heinrich Heine einen deutschen Dichter nannte, war das meiner schulischen Situation nicht gerade dienlich. Wer die Fächer Biologie, Physik, Chemie, Mathematik unterrichtet, sollte eigentlich wissen, die Erde ist ein sich selbst regulierendes System und seit Jahrtausenden ist das Klima von sehr vielen Faktoren abhängig. Jede singuläre Betrachtungsweise, in der nur ein Faktor Berücksichtigung findet, ist nicht verlässlich. Das gesamte Klimageschehen ist äußerst komplex und weitgehend unerforscht. Wenn Lehrer ihre Schülerinnen und Schüler mit einer vom ICPP propagierten Apokalypse in Angst und Schrecken versetzen, handeln sie schlicht verantwortungslos. Diese Lehrkräfte erfüllen als Unteroffiziere im Lehrbetrieb allerdings einen staatlich erteilten Auftrag.

Welche Rolle das Chlorophyll in den Pflanzen spielt, haben wir in der Schule gelernt. Kohlendioxid wird von der Vegetation aufgenommen und durch Fotosynthese in einem komplizierten Prozess wieder in Sauerstoff zum Einatmen verwandelt. Damit wir leben können, Land- und Wasserpflanzen existieren, brauchen wir reichlich Kohlendioxid.

Es ist unvertretbar, jungen Menschen zu vermitteln, es käme infolge einer als „gesichert" anzunehmenden Erderwärmung zu immer mehr Naturkatastrophen. Es gibt dafür keinen wissenschaftlichen Beweis, und wenn der ICPP derartige Behauptungen aus den Broschüren von sogenannten „Klimaschützern" entnommen hat, ist das mehr als ein

Indiz dafür, dass dieser Klimarat von defizitären Staaten als ein willkommenes Instrument genutzt wird, unter dem Vorwand „Klimaschutz" erhöhte Abgaben und Steuern bei den gezielt verunsicherten Bürgern einzutreiben.

Eine Mahnung an die Wissenschaft stammt von Erich Roeckner vom Max Plank Institut für Meeresbiologie: „Kein Modell wird je so komplex sein wie die Natur". Zum Temperaturtrend der letzten 100 Jahre vertrat der Berliner Meteorologe Professor Dr. Horst Malberg in einer Untersuchung die Auffassung: „Das grundsätzliche Problem der anthropogenen Treibhauserklärung ist, dass sie im beobachteten globalen/hemisphärischen Temperaturverhalten nur zur Erwärmung passt, die Abkühlungsphasen aber nicht erklären kann. Der CO^2-Gehalt der Luft steigt ständig, nicht aber die Temperatur…"

Und was bleibt von allen Katastrophen-Prophezeiungen?

Nach einer Umfrage unter 239 deutschen Klimaforschern bezweifeln 80 Prozent von ihnen die Computermodelle, die das Klima für die nächsten 100 Jahre voraussagen. Weltweit sind es 700 Klimaforscher und 31 000 andere Wissenschaftler, nach denen der Mensch und das Kohlendioxid nur eine minimale Auswirkung auf das Klima und die Temperaturen hat, eine Klimakatastrophe schlicht nicht stattfindet.

Der Winter 2009/10 fiel nicht so warm wie angekündigt aus und der WELT-Korrespondent Ulrich Exner stellte dem Diplom-Meteorologen Peter Hartmann vom Wetterdienst in Offenbach u.a. diese Frage: Woran liegt das denn? Hat das doch etwas mit dem Klimawandel zu tun? Hartmann: „Nein. Solche Wetterlagen gab und gibt es immer mal wieder. Wir hatten ja früher auch strengere Winter. Mit Klimawandel hat das nichts zu tun." Es folgte der Winter 2010/11 mit eisigen Temperaturen in ganz Europa und auf dem Airport Frankfurt/Main konnten Flugzeuge nicht starten, in New York nicht landen. Und es gab jede Menge Schnee, den unsere Kinder angeblich nicht mehr erleben sollten.

Stimmt es eigentlich, dass auf einen kalten Winter ein warmer

Sommer folgt? Hartmann: „Die Frage kommt häufiger jetzt, aber ich muss Sie enttäuschen. Wir können einen ganz kühlen Sommer bekommen oder auch einen ganz warmen. Da gibt es keine Zusammenhänge." Dass wir 2010 einen berauschenden Sommer bekamen, lässt sich nicht behaupten. Wie sagte schon Heinrich Heine: Der deutsche Sommer ist ein grün angestrichener Winter.

Ob der Sommer warm oder kühl wird, es weniger oder mehr regnet, ist für die Retter der Welt, die Klimaschützer, völlig egal. Schuld ist immer der von Menschen verursachte Klimawandel. Verschwiegen wird hingegen in vielen Debatten, dass sich die Menschheit immer mit klimatischen Veränderungen abfinden musste, wogegen das Weltklima in unserer Gegenwart relativ stabil ist. Veränderte Wetterlagen lassen sich nicht verhindern, und wenn es in Norddeutschland vor 20 Jahren für den Maisanbau zu kalt war, heute aber dort Ackerflächen genutzt werden können, ist das kein Unglück. Falls es in Sibirien einige Grade wärmer werden könnte, wäre das für die Landwirtschaft kein Nachteil, es wäre ein Vorteil. Nur diese Entwicklungen laufen nicht so ab, wie es sich manche Leute vorstellen, und als der Winter 2009/2010 härter als erwartet ausfiel, nicht nur in Deutschland, waren einige Klimaschützer irritiert. In Hamburg kursierte ein Witz: Ein Klimatologe erstattete eine Anzeige. Er wurde gefragt, gegen wen? – Gegen das Wetter! Warum? – Wegen Irreführung der Öffentlichkeit! Es folgte der Winter 2010/2011 mit heftigen Minusgraden und die Flughäfen in New York mussten wegen starkem Schneefall zeitweilig gesperrt werden, in einigen US-Bundesstaaten gab es Minustemperaturen von 30 Grad Celsius. Wie das Wetter in den nächsten Tagen wirklich wird, da ist den Experten – trotz aller Daten – keine exakte Vorhersage möglich.

Der Oberflächlichkeit sind keine Grenzen gesetzt. So behauptete der Klimaforscher Mojib Latif schlicht und einfach, ohne sich um konkrete Fakten zu kümmern, die jetzigen Katastrophen wie Überschwemmungen seien eine Blaupause dafür, was der Klimawandel in diesem Jahrhundert anrichtet. Professor Hans von Storch, Klimaforscher am Meteorologischen Institut hält nichts von solchen dubiosen Thesen, denn schwere Überschwemmungen gab es schon immer, auch Waldbrände und es ist wissenschaftlich unlauter, einfach mehr

Extremereignisse zu prophezeien und dann bei jedem Ereignis zu sagen: „Seht ihr!" Es gab in der Vergangenheit Extremereignisse und es wird sie auch in Zukunft geben. Auch die Flut in Sachsen wurde nicht durch das Klima verursacht, vielmehr gab es einen Dammbruch in Polen. Was Mojib Latif behauptet, ist aus der Hüfte geschossen und lässt sich statistisch nicht belegen. Genauso gut könnte man dasselbe an jedem Tag mit schönem Wetter sagen. Den Meereswissenschaftler Mojib Latif kümmert das wenig. Er tingelt durch die Lande und verbreitet in seinen Vorträgen eine Horrorversion, bei der er sich in Sicherheit wiegen kann. Er wird sie selbst nicht erleben. Und wie seine Kollegen liebt Mojib Latif den Luxus, so lud er die Teilnehmer zu einem Vortrag in das Hamburger Hotel Steigenberger ein. Sie mussten 56 Euro pro Person bezahlen, allerdings inklusive Aperitif und Dreigänge-Menü. Was tut man nicht alles für den Klimaschutz. Inzwischen wurde Mojib Latif im Dezember 2010 vom nächsten Winter überrascht und reagierte mit der These: „Die Erderwärmung versteckt sich hinter der Abkühlung." Tiefer kann ein Klimaforscher nicht mehr sinken, es sei denn im Schnee. Doch hinter Latifs Aussage steht ein Kalkül. Er hatte die These vertreten, dass wir uns auf immer mildere Winter und heißere Sommer einstellen müssten und das sei mit Computersimulationen eindeutig und unwiderlegbar bewiesen. Da nun aber die Winter global immer kälter ausfielen, auch die Sommer in Deutschland nur wochenweise stattfanden, wird jetzt eine neue Theorie zelebriert. Danach würden die größeren eisfreien Flächen im Nordmeer die Luft über dem Wasser minimal aufheizen und dadurch Luftströmungen auslösen, die die insgesamt nach wie vor sehr kalte arktische Luft nach Europa transportieren. Allerdings steht Prof. Mojib Lativ mit der Physik auf Kriegsfuß. Bei seinen Vorträgen geht er mit einem Beispiel hausieren, das nun wirklich nichts mit Wissenschaft zu tun hat. So pflegt er zu sagen: „Was das Glasdach im Gewächshaus ist, das ist das CO_2 in der Atmosphäre". Aber unsere Atmosphäre besitzt kein Dach, weder aus Glas noch aus Gas. Solange ein Treibhaus geschlossen ist, erwärmte Luft nicht entweichen kann, verändert sich die erreichte Temperatur nicht. Öffnet der Gärtner sein Glasdach, sinkt die Temperatur binnen kurzer Zeit auf die Außentemperatur. Vor Jahrmillionen waren die CO_2-Konzentrationen der Atmosphäre wesentlich höher als heute.

In der Physik wird von einem Treibhauseffekt gesprochen und in den theoretischen Klimamodellen wird ihm in der Atmosphäre eine Wirkung zugeschrieben, die dieser aber nicht besitzt. Prof. Dr. Horst Malberg kommentierte diesen Sachverhalt so: „Sowohl nach der Klimadiagnose über die Ursachen der globalen Erwärmung seit 1850 als auch nach aktuellen strahlungsphysikalischen Berechnungen wird der CO_2-Effekt in den Klimamodellen überschätzt. Auch in Bezug auf das Temperaturverhalten der letzten Jahrzehnte kann der anthropogene Einfluss als primäre treibende Kraft nicht nachgewiesen werden".[10]

Mehr Demut vor der Natur wäre sicher angebracht. Vielleicht ist das alles auch eine Frage von mehr Ehrlichkeit und da liegt das eigentliche Problem, Weltverbesserer aller Couleur sind an ihre ideologische Brille gewöhnt und nicht an Wahrheit interessiert.

Fazit: Skeptisch bleiben!

Welches Fazit müssen wir aus all diesen Ungereimtheiten der Klimaforschung ziehen? Nicht nur die Klimaforscher und der ICPP Weltklimarat, sondern auch die Regierungen besitzen in der Frage des Klimawandels ein Glaubwürdigkeitsproblem. Gravierende Klimaänderungen hat es in der Erdgeschichte immer gegeben; die Menschheit musste damit leben und umgehen. Für die Existenz einer menschlichen Gesellschaft erwiesen sich Kaltzeiten immer gefährlicher als Warmzeiten.

Bei den früheren Warmzeiten konnte CO_2 keine relevante Rolle spielen, es sei denn, wir müssten uns mit den Feuerstätten der Germanen und Wikinger befassen. Zugleich wird vom Weltklimarat ICPP der Einfluss der Sonne tabuisiert, denn damit lassen sich keine Geschäfte für die These einer menschengemachten Erderwärmung tätigen. Dem Schwachsinn und Zynismus der Ökodiktatoren sind keine

---

[10] Vgl. Über die kritische Grenze zwischen unruhiger und ruhiger Sonne und ihre Bedeutung für den Klimawandel. Beiträge zur Berliner Wetterkarte SO 03/09 27.01.2009.

Grenzen gesetzt: So fordert der dem Weltklimarat ICPP angehörende Professor David Sherman (University of Adelaide), dass Eltern für jedes neugeborene Kind 18.000 Dollar für den künftigen Verbrauch an Sauerstoff zahlen müssen. Vielleicht sollte dieser Professor für sich eine Atempause einlegen und mit gutem Beispiel vorangehen.

Es war und bleibt ein wissenschaftlich unvertretbares Verhalten von Klimaforschern, die Ursache für eine hypothetisch angenommene Erderwärmung allein auf CO_2 zu reduzieren. Das gesamte Klimageschehen ist ein viel zu komplexes System, um sich bei einer wissenschaftlichen Forschung auf eine singuläre These zu beschränken. Tatsache ist überdies: Meteorologen haben größte Schwierigkeiten, eine einigermaßen verlässliche Wettervorhersage auch nur für die nächsten sechs Tage zu machen. Welches Wetter bzw. Klima wir im Jahre 2050 haben, kann heute kein Mensch wissen oder voraussagen.

Bei den Klimakonferenzen werden, bedingt durch die hohe Zahl von Teilnehmern – allein nach Cancun reisten 15.000 Experten – mit Transportmitteln wie Flugzeugen und Autos besonders hohe CO_2-Werte erzielt. Doch das scheint den Klimaaktivisten ziemlich egal zu sein. Wahrscheinlich glauben sie selbst nicht an das angeblich gefährliche Treibgas CO_2. Aber sie wissen sehr wohl, dass sich mit der dogmatischen CO_2-These sehr viel Geld verdienen lässt. Es spricht nichts gegen die Förderung, Entwicklung und Nutzung erneuerbarer Energien. Aber für einen technologischen Fortschritt mit mehr Unabhängigkeit von Öl, Kohle und Gas brauchen wir keine Klimakonferenzen und auch keine Umweltschutzverbände. Technische Probleme werden von Ingenieuren und Technikern gelöst, nicht von Ideologen und Politikern. Das Problem der Ressourcenverteilung löst zu allererst die Marktwirtschaft.

Solange wir bei der Nutzung von Sonnenenergie und Windkraft nicht die angestrebte Effizienz erlangen, können wir weder auf Kohle noch auf Erdgas verzichten, es sei denn, die Kernfusion bietet eine Alternative. Doch selbst diese wird von den Grünen verweigert!

Wir sollten uns daher von einem religiösen Dogma verabschieden, das zur Angstmache von geschäftstüchtigen Missionaren genutzt wird, die in Wahrheit selbst keinen Beitrag zur verträglichen Umwelt leisten. CO^2 wurde zur Existenzgrundlage für zahlreiche Forschungsinstitute und Lehrstühle, die vom Steuerzahler finanziert werden. Sie sind deshalb sehr darauf bedacht, jede unabhängige und kritische Wissenschaft zu unterbinden. CO^2 wird von den Regierungen benutzt, um mit der CO^2-Keule Bürger einzuschüchtern, höhere Steuern einzutreiben und mit der Lüge zu operieren, wer mehr CO^2 verbraucht als sein Nachbar, kann nur ein Umweltschädling sein.

CO^2 wird von den Umweltschutzorganisationen, einschließlich Greenpeace, als Existenzberechtigung genutzt. Solche Klimafreunde schlagen sich auf eine für sie sichere Seite: Der Eintritt der „Klimakatastrophe" wird in eine ferne Zeit verlegt, auf einen Zeitpunkt, wo die Klimafreunde schon das Zeitliche gesegnet haben.

Seinen Alleinvertretungsanspruch hat der ICPP längst verloren, spätestens seit dem sich ein Nongovernmental ICPP im Jahre 2009 in New York konstituierte, mit 800 Wissenschaftlern. Auch in Europa gründete sich eine vom ICPP unabhängige Vereinigung: „Europäisches Institut für Klima und Energie" (EIKE). Wie sehr die Einheitsfront der sogenannten Klimaschützer bröckelt, wie tief die Risse schon sind, zeigen auch die Aussagen von Forschern des Kieler Leibnitz-Institutes und des Hamburger Max-Planck-Institutes (2008 im Wissenschaftsmagazin „Nature"): „Unser Modell sagt voraus, dass in Mittel- und Nordeuropa die Temperaturen (gemeint sind die nächsten 10-15 Jahre) um ein Zehntel Grad sinken…"

Dazu kommentierte die FAZ ironisch: „Damit wurden quasi im Handstreich alle bisherigen Klimaprognosen zumindest für die nähere Zukunft auf den Kopf gestellt." Unsere Umwelt können wir gestalten, das Wetter müssen wir der Natur überlassen, und das ist auch gut so. Wachsende Kritik lässt sich immer weniger unterdrücken. So schrieb die russische Publizistin Sonja Margolina: „Mittlerweile zweifeln immer mehr Wissenschaftler an der Hypothese, CO^2 sei die Hauptursache der Erderwärmung. Die Einsicht in den omnipotenten Einfluss der Sonne und anderer außerterrestrischer Kräfte gewinnt wieder Oberhand. Zumal die Messungen keine Erderwärmung mehr registrieren..." In ihrem Essay „Ausstieg aus der Realität" geht Sonya Margolina auch auf den Tatbestand ein, die hierzulande zunehmende Kälte mit einer Klimaerwärmung zu erklären. Es sei ja schon irre, Milliarden in die Verringerung von CO_2 zu investieren, wenn dieses Treibhausgas die Kälte mindert. Klimaveränderungen gab es immer, auch in den Zeiten ohne jede menschliche Aktivitäten. Die dänischen Physiker Eigil Friss Christensen und Knud Lassen vom Dänischen Meteorologischen Institut waren sehr konsterniert, als der Weltklimarat ihre Forschungsergebnisse ignorierte und nichts vom Einfluss der Sonne, der kosmischen Strahlen und der Wolkenbildungen auf das Klima wissen wollte. Für die sogenannten Klimaschützer ist es völlig ohne Belang, ob die These vom menschengemachten Klimawandel stimmt oder nicht. Ihnen geht es vielmehr darum, den Menschen den Glauben zu vermitteln, sie könnten mit ihrem Verhalten das Klima beeinflussen und Glücksgefühle auslösen, wenn man auf eine Flugreise verzichtet. Die Sonne und den Kosmos kann der Mensch nicht steuern. Und so setzen sich auch Geschäftsleute in Nadelstreifen als Klimaschützer für einen nachhaltigen Klimaschutz ein.

Warum die Klimahybris gerade in Deutschland zum Programm wurde, jegliche öffentliche Diskussion unterschiedlicher Meinungen als „Klimaleugnung" angeprangert werden kann, dafür hatte Nigel Calder schon 1998 eine einfache Erklärung: „Am Anfang war die CO_2- und Erderwärmungstheorie eine angelsächsische Erfindung, die nicht zuletzt von der Nuklearindustrie gefördert wurde, die für sich eine Wiederbelebung erhoffte. Aber dann wurde daraus mehr und mehr ein Szenarium für den Weltenuntergang, und das widerstrebt den nüchternen Angelsachsen. Da erinnerte man sich im IPCC: The Germans are best for doomsday theories..."

Ideologische Weltbilder

Die Frage, warum von einer sogenannten Umweltschutz-bewegung die Erderwärmung als größte Katastrophe in der Geschichte der Menschheit propagiert wird, lässt sich eindeutig beantworten: Kohlendioxid ist ein Produkt der Industriegesellschaft und diese wiederum in ihren Augen eine Ausgeburt des Kapitalismus. Das Thema des von Menschen verursachten Klimawandels wird daher nicht mit der erforderlichen Sachlichkeit, Toleranz und der nötigen Kompetenz behandelt, wie man es eigentlich erwarten sollte. Warum das so ist? Darauf finden wir Antworten bei den selbst ernannten Weltverbesserern, ebenso den rechten, wie den linken Ideologen. Insbesondere die Linken sind sehr darauf versessen, zumindest glauben sie daran, die Welt vor dem Kapitalismus zu retten, der ursächlich für die Erderwärmung sein soll. Jutta Ditfurth brachte es aufschlussreich auf den Punkt: „Der kapitalistische Norden sorgt durch seine Produktionsweise dafür, dass die Atmosphäre und die Meere verseucht werden. Die Klimakatastrophe stammt aus den kapitalistischen Zentren, nirgendwoher sonst."[11] Es wird die These vertreten, sogar als bewiesen betrachtet, dass die anthropogene, auf Kohlenstoff basierende Erderwärmung eine unverrückbare Tatsache sei. Fällt der Klimawandel weg oder lässt sich eine politische Pseudowissenschaft nicht mehr auf eine singuläre Ursachenforschung reduzieren, verlieren die vor einer Klimakatastrophe warnenden Missionare ihre Existenzberechtigung.

Daher wird die Grundposition, CO^2 sei die einzige Ursache für einen Klimawandel, von fast allen Linken, auch Anarchisten, vertreten und unkritisch von den Umweltschutzverbänden übernommen. Sie dient dazu, gegen den angeblich umweltfeindlichen Kapitalismus zu Felde zu ziehen und für eine ökologische Gesellschaft zu kämpfen, ohne dass man merkt, geschweige ein Feeling dafür hat, dass die Existenz einer umweltfreundlichen Gesellschaft gerade von dem sogenannten Öko-imperialismus bedroht wird. Auf bestimmte Schlagworte werde ich

---

[11] Jutta Dithfurt: Lebe wild und gefährlich, 1991, S. 132, 174.

noch näher eingehen. Zunächst sollten wir uns die Ursachen vergegenwärtigen, woraus diese Hassreaktionen resultieren.

Der gescheiterte Kommunismus bewirkte bei den Protagonisten Wut, Enttäuschung, Frustrationen. Die Entwicklungen in den westlichen Industriestaaten verliefen in den vergangenen Jahrzehnten völlig anders, als von den Linken erwartet oder auch im Stillen erhofft. Zwar sah es mit dem Umweltschutz im realen Sozialismus alles andere als berauschend aus, doch dass der Kapitalismus die Existenz einer menschlichen Gesellschaft bedroht, gar vernichtet, wurde Konsens einer linken Umweltbewegung. Mit der Kultur der 68er (der „Außerparlamentarischen Opposition") kam die Verteufelung der Naturwissenschaften und der Technik auf. Zugleich wurde jeder technologische Fortschritt als höchst schädlich abgelehnt. Als in den Betrieben EDV (Elektronische Datenverarbeitung) und CAD (Computer unterstütztes Design) eingeführt wurde, stieß dies bei den Gewerkschaften und sogar bei den Belegschaften zunächst auf Misstrauen und Ablehnung. Dass Techniker und Ingenieure nicht das Ansehen besaßen, das sie verdienten, bekam ich selbst zu spüren. Ich kann mich an manches mitleidige Lächeln erinnern, wenn ich erwähnte, womit ich meinen Lebensunterhalt verdiente. In jenen Jahren waren die beliebtesten Studienfächer Politologie, Soziologie, Philosophie oder Kunstwissenschaften. Man reduzierte den Menschen auf ein animalisches Wesen, das in seiner Existenz die Natur ausraubte und die Welt zerstörte. In diesen Jahren waren die USA das Feindbild Nr. 1. Das resultierte nicht allein aus den Protesten gegen den Vietnam-Krieg. Vielmehr gehörte der Antiamerikanismus zum Prinzip der klassenkämpferischen Sozialisten, insbesondere bei den marxistischen Kommunisten. Es ist gar nicht zu bestreiten, bei den Intellektuellen besaß die DDR mehr Sympathie als die verhasste USA. Nicht wenige, auch Gregor Gysi, trauern der DDR nach, bot sie doch scheinbar Wärme, Geborgenheit, soziale Sicherheit.

In jenen Jahren waren auch zehntausende Sympathisanten von der RAF (Rote Armee Fraktion) völlig unkritisch fasziniert, die Sehnsüchte im Kampf gegen den verhassten Imperialismus verkörperte. Obwohl die Globalisierung den Völkern mehr Vorteile als Nachteile bringt,

Handel und Wandel Fortschritt bedeuten, münzten die Linken den Kampf gegen den Imperialismus um in eine demonstrative Ablehnung der Globalisierung. Aus dieser Geisteshaltung resultiert auch die einseitige pauschale Verdammung der Genforschung und auch die These, genetischer Mais sei per se schädlich für den Menschen. Weltweit werden auf ca. 114 Millionen Hektar gentechnisch veränderte Pflanzen wie Soja, Mais, Raps und Baumwolle angebaut, ohne dass damit Menschen geschädigt oder gefährdet würden. Obwohl die US-Amerikaner seit Jahren gentechnisch veränderten Mais ohne jeden Schaden konsumieren, was allgemein bekannt ist, lassen Greenpeace, Friends of the Earth und andere Organisationen im Namen ihrer Ideologie zig Millionen Afrikaner lieber verhungern – mit der These, es handele sich bei diesem Mais um „Gift". So waren in Sambia fast 2,5 Millionen Menschen vor dem Verhungern, aber ihr Präsident Levey Mwanawasa beugte sich dem Druck der Nichtregierungsorganisationen und verweigerte die Annahme einer Lieferung von 26.000 Tonnen modifiziertem Mais.

Der Friedensnobelpreisträger Norman Borlaug, einer der Väter der Grünen Revolution, antwortete auf die Frage, was könnte die Europäer überzeugen, dass Grüne Gentechnik keine sonderliche Gefahr darstellt? „Der unnötige Kampf gegen Grüne Gentechnik in Europa hätte vielleicht vermieden werden können, wenn mehr Menschen besseren Biologieunterricht gehabt hätten. Es gibt eine große Bildungslücke, eine wachsende und beunruhigende Ignoranz über die Zusammenhänge und Probleme der Landwirtschaft und der Lebensmittelerzeugung. Dieser Bildungsmangel sollte unverzüglich behoben werden."[12] Daraus dürfte so schnell nichts werden, sind doch besonders in Deutschland dem Irrsinn kaum mehr Grenzen gesetzt. Dazu zählt auch der Begriff „Klimagerechtigkeit", wonach auf der Welt für jeden Menschen nur die gleiche Menge an Kohlendioxidausstoß gestattet sein sollte. Nun ist das dem Klima ziemlich egal, es könnte ja als ungerecht empfunden werden, wenn es in Hamburg im November kühl und nass ist, aber auf

---

[12] „Grüne Gentechnik ist keine Hexerei", Gespräch mit Michael Miersch, Die Welt, 1. Nov. 2007, S. 10.

den Kanaren die Sonne scheint. Mit einem ungerechten Klima werden wir wohl weiter leben müssen. So haben wir im Sommer auf Mallorca tropische Hitze, bei uns einen regnerischen August und auf der Insel Teneriffa angenehme 25 Grad. In Mexiko erreichen Temperaturen mehr als 30 Grad Celsius, aber das taten sie vor 100 Jahren auch. Und wie sagte Renate Künast: „Ich will eine CO_2-freie Gesellschaft." Wäre sie konsequent, müsste sie Suizid begehen. Schließlich atmet jeder Mensch täglich ein halbes Kilo CO_2 aus und belastet damit seine Umwelt, neben seinen sonstigen Aktivitäten.

Die technologische Entwicklung, wie sie sich in den Industriestaaten im 19. und 20. Jahrhundert vollzog, löste bei vielen Menschen immer wieder Ängste aus. Und die Furcht vor einem technischen Fortschritt wurde von den Ideologen verschiedenster Couleur genutzt, um politische Interessen und Ziele durchzusetzen. Als vor 175 Jahren in Deutschland die erste Eisenbahn fuhr, prophezeiten Ärzte Schlimmes: Bahnfahrer bekämen wegen des Fahrtwindes eine Lungenentzündung und im Zug holten sich Reisende gefährliche Krankheiten. Wenn wir uns heute daran erinnern, lässt sich darüber lächeln, aber solche Thesen wurden damals geglaubt. Mit der industriellen Revolution stieg auch die atmosphärische Masse an Kohlendioxid und damit die Befürchtung, dies beeinträchtige oder schädige das Klima. Thesen in dieser Richtung wurden schon vor Jahrzehnten vertreten. Ob sich dieses Angstszenarium als zutreffend erweisen wird, daran bestehen indes berechtigte Zweifel.

Für eine gesündere Luft, sauberes Wasser, eine ökologische Landwirtschaft und insbesondere für die Entwicklung und die Nutzung alternativer Technologien für die Energieerzeugung, erwies sich die eigentumsbasierte Marktwirtschaft als umweltfreundlicher als jede Art von staatlicher Planwirtschaft. Wir sollten nicht einem traditionellen Irrtum unterliegen, der von den Linken gehegt und gepflegt wird, wonach marktwirtschaftliche Unternehmen und landwirtschaftliche Betriebe, produzierten was sie wollen, weil sie nur am Profit interessiert seien. Denn genau das stimmt nicht, sie bieten Produkte und Dienstleistungen an, die vom Markt und damit von den Konsumenten verlangt werden. Wer am Markt einen dauerhaften Erfolg haben will, muss seinen Kunden dienlich sein, sehr überlegt planen, was und wie er produziert. Es spricht gar nichts dagegen, wenn sich Menschen zusammenschließen, Genossenschaften und Vereinigungen gründen, um in ihrem Sinne ökologischer zu leben und zu arbeiten, anders zu wirtschaften. Nur müssen sich diese Menschen damit abfinden, dass der Markt auch andere umweltfreundliche und ökologische Alternativen bietet – soziale Vereinigungen stehen im Wettbewerb. Können genossenschaftliche Betriebe effizienter wirtschaften als privatwirtschaftliche Unternehmen, sprechen sie mit ihren Strukturen und Zielen Arbeitnehmer an und können diese vielleicht für eine Mitarbeit gewinnen. Es gibt heute noch viele Genossenschaften, aber auch sie müssen Gewinne erwirtschaften; sie können sich Verluste nicht dauerhaft leisten. Wie sie mit ihren Gewinnen und ihren Mitarbeitern umgehen, darin könnten sie sich allerdings von anderen Unternehmen unterscheiden.

Kapital schafft Wohlfahrt

In diesem Zusammenhang besitzt die Sichtweite von Rudolf Rocker ihre bleibende Bedeutung: die Wirtschaft bietet die Grundlage für eine höhere menschliche Kultur. Nach der Verelendungstheorie von Karl Marx führte der Kapitalismus zwingend zur Verarmung der Arbeiter. Nur tat ihm der Markt diesen Gefallen nicht. In Wahrheit ist die Zahl der Besitzenden beträchtlich gestiegen, nicht gesunken. Dass die Reichen reicher, die Armen ärmer werden, ist zwar eine bei den Linken beliebte These, nur die Realität ist hier hinsichtlich der Fakten viel differenzierter. Dabei wird gerne übersehen: die Lebens- und Eigentumsverhältnisse haben sich auch für die arbeitende Bevölkerung grundlegend verändert. Die Zahl der Superreichen hat sich erhöht, aber auch die Armen wurden reicher. Nicht nur in Deutschland, sondern weltweit. Wer konnte sich im Jahre 1962 in Deutschland eine größere Wohnung, einen PKW leisten? Wer konnte an eine größere Urlaubsreise, gar an eine Kreuzfahrt denken? Ohne Zweifel leben noch Völker in Armut, besonders in Afrika – mit Ausnahme von fünf nordafrikanischen Ländern. Auch die Ostdeutschen leben heute entschieden besser als vor der Wiedervereinigung. Dass sich auch die Luft in Bitterfeld wieder ohne gesundheitliche Schäden atmen lässt, dürfte wohl niemand bestreiten.

Wie sich das Geldvermögen verteilt, das lässt sich ohne Zweifel kritisch betrachten. Allerdings befand sich vor zehn Jahren noch fast das gesamte Geldvermögen in den reichen Industriestaaten und es war 135 Mal so groß wie in den ärmeren Staaten. Heute ist das Geldvermögen nur noch 45 Mal so groß und das liegt einfach daran, dass sich auch in den Schwellenländern neue, immer noch wachsende Mittelschichten bildeten. Breitere Bevölkerungsschichten besitzen einen Lebensstandard, an den vor wenigen Jahren nicht einmal zu denken war. In der Bundesrepublik besitzen die mittelständischen Unternehmen einen großen Anteil am Wohlstand der Bevölkerung. Unternehmer und Arbeitnehmer arbeiten in ihren Produktionen und Professionen für einen immer effizienteren Umweltschutz. Es wird regelmäßig übersehen, dass der deutsche Mittelstand aus 3,4 Millionen Unternehmen besteht. Diese bieten rund 70 Prozent der Arbeitsplätze an. Es dürfte folglich etwas schwierig sein, einem Techniker oder Handwerker verständlich zu machen, er müsse erst den Kapitalismus überwinden, bevor sein Wissen und Können für eine umweltfreundlichere Gesellschaft Verwendung finde. Das können Landwirte mit ihrem biologischen Anbau von Getreide, Gemüse und Obst nicht verstehen, auch nicht der Solaranlagen montierende Monteur. Es gibt zudem Landwirte, die auf ihren Feldern mit Solaranlagen Strom „ernten" und damit Haushalte versorgen. Schon gar nicht können Wissenschaftler und Ingenieure verstehen, wenn sie in ihren Forschungen und Innovationen außerordentliche Beiträge für den Umweltschutz leisten, wieso sie mit ihrer Arbeit den Kapitalismus behindern sollten. Arbeit und Kapital sind keine Gegensätze, sie bedingen einander. Solar-Genossenschaften pachten öffentliche Gebäude, Turnhallen und Schulen; sie bauen darauf Photovoltaik-Anlagen zum Nutzen der Eigentümer. Die Nutzung der Windkraft und des Solarstroms bietet gerade den mittelständischen Unternehmen Zukunftsperspektiven. Nicht die Ideologen, vielmehr die Ingenieure, Techniker und Handwerker besitzen mit ihrem Wissen und Können in diesen Betrieben gute Karrierechancen. Sie identifizieren sich mit ihrer täglichen Arbeit, fühlen sich nicht fremdbestimmt.

Traditionelle ideologische Weltbilder stimmen nicht mit der Realität überein. Dessen wurde sich Rudolf Rocker bewusst und empfahl daher, von der „Monopolisierung des Kapitals" zu sprechen. Rocker gelangte zu dem Schluss: „Jedes Haus, das gebaut wird, jede Verbesserung der Transport- und Verkehrsmittel, nicht zu reden von den zahllosen Gebrauchsgegenständen des täglichen Lebens, repräsentieren ein angelegtes Kapital, das der Gesellschaft zu Nutzen kommt und ihre Existenzbedingungen fördert…"[13] Rocker greift in seinem Versuch einer klareren Definition indes noch zu kurz. So besitzt ein Tenor mit seiner Stimme ein Kapital, das er für sich verwertet; er erfreut mit seinem Gesang sein Publikum, das bereit ist, seine künstlerische Leistung zu honorieren. Zweifellos wird auch ein Popstar ins Mikrofon hauchen: „I love you" und das vielleicht sogar ehrlich meinen, während sein Publikum es sogar noch genießt, abkassiert und gemolken zu werden. Sportler, besonders Fußballspieler, sind häufig Millionäre. Darüber mag man sich ärgern, aber auch sie nutzen ihr Kapital, ihr Können auf dem Fußballplatz, ernten den Dank ihrer Fans, die sie mit ihrem Spiel erfreuen. Unerfreulich, wenn man daran bedenkt, wie häufig sogenannte Stars sehr reich werden, auch ohne ein jahrelanges Studium oder eine schwierige Ausbildung. Dieter Bohlen, Musikproduzent, besitzt in Tötensen (Niedersachsen) eine Villa und dürfte sehr vermögend sein. Das wurde er nicht durch Raub und Ausbeutung, sondern durch seine Fans. Und Bohlen unterscheidet sich, wie prominente Fernsehmoderatoren, von anderen Sängern mit einfachen Songs nicht zuletzt durch Kreativität und Leistung.

Wissenschaftler, Ärzte, Ingenieure, Techniker, Handwerker, sie alle besitzen mit ihrem Wissen und ihren Fähigkeiten ein Kapital, das sie zum Wohle der Gesellschaft einsetzen. Um diese Professionen auszuüben, braucht es eine Berufsausbildung, oft ein langes Studium, und das macht sich eben nicht so bezahlt wie eine oft banale Tätigkeit im Showgeschäft. Maßgebend bei den beruflichen Erfolgen ist häufig auch nicht die Qualifikation, ein gutes Examen oder eine fundierte Ausbildung. Es ist vielmehr überwiegend die soziale und emotionale Kompetenz. Das ist etwas, was nicht ausreichend bzw. gar nicht an unseren

---

[13] Rudolf Rocker: Die freie Gesellschaft, März 1952, Krieg und Wirtschaft, S. 14-142.

Schulen vermittelt wird.

Mehr oder weniger sind wir alle Nutznießer unserer eigenen Leistungen und der unserer Mitmenschen. Dass aber Geld nicht alles ist, wissen auch nicht wenige Menschen, die zwar reich wurden, aber ihr Vermögen für wohltätige und soziale Zwecke einsetzen. In Hollenstedt, einem kleinen Dorf in Niedersachsen, lebte das Sportidol Max Schmeling. Die Gemeinde hat ihm sehr viel zu verdanken. Er stellte seiner Gemeinde Kapital (Geld) für soziale Projekte zur Verfügung.

Kurzum, Kapitalismus ist ein schwammiger und völlig unklarer Begriff. Silvio Gesell brachte das auf den Punkt: „Entweder Eigen- oder Staatswirtschaft – ein Drittes gibt es nicht. Man kann, wenn man weder die eine noch die andere will, für die gesuchte Ordnung noch so anheimelnde und vertrauenerweckende Namen ersinnen: Genossen- schaften, Gemeinwesen, Vergesellschaftung usw. – sie können die Tat- sache nicht verschleiern, dass es sich im Grunde immer um den selben Schrecken, um den Tod der persönlichen Freiheit, Unabhängigkeit, Selbstverwaltung, d.h. um Behördenherrschaft handelt...“[14] Es gibt tatsächlich immer nur eine Lösung, wie sie Roland Baader etwas drastisch formulierte: „Markt oder Befehl". Sozialisten verstehen gerne unter dem Scheitern des Kommunismus „Staatskapitalismus", doch das ist eine sehr unpräzise Definierung. Es handelt sich immer, wie heute noch in Kuba und Nordkorea, um ein System staatlicher Planwirtschaft. Diese kommunistische Staatswirtschaft mehrte und nutzte kein Kapital, vielmehr vernichtete sie Kapital bis hin zu dem Tage, an dem es nichts mehr zu vernichten gab. Es lässt sich auch sagen, die Kommunisten herrschten solange, bis die Ressourcen verbraucht waren.

Der Gegensatz zur staatlichen Planwirtschaft heißt Marktwirtschaft. Marktwirtschaft bietet unternehmerische Freiheit, bringt also Unter- nehmer hervor, die Arbeitnehmer beschäftigen. Außerdem bietet sie verschiedene Organisationsformen, sei es eine OHG, eine GmbH, AG

---

[14] Silivo Gesell, in: Die Natürliche Wirtschaftsordnung, Vorwort zur dritten Auflage, 1949, S. 16.

oder eine genossenschaftliche Vereinigung. Auch Marktwirtschaft kann Planwirtschaft sein, denn effizientes Wirtschaften erfordert stets exakte Planung. Marktwirtschaft ermöglicht indes die Nutzung und Bildung von Kapital. Wohlstand für alle erfordert Kapitalbildung für alle. Für die größte Kapitalvernichtung sorgten im 20. Jahrhundert Kriege und der damit verbundene Militarismus. Hinweise wie, der Krieg sei der Vater aller Dinge, gemeint sind damit Erfindungen bis hin zum Internet, sind immer verlogen. Man muss keinen Krieg führen, um sinnvolle Entdeckungen oder Erfindungen zu machen.

Marktwirtschaft ist ein Innovationstreiber

Eine soziale, friedliche Existenz der Menschheit erfordert eine permanente wissenschaftliche und technologische Evolution. Armut gefährdet die Umwelt, nicht Wohlstand. In den westlichen Industriestaaten leben die Menschen wesentlich gesünder, besitzen eine höhere Lebenserwartung als ihre Vorfahren. Selbst Menschen, die wir heute zu den Benachteiligten rechnen, verfügen über sanitäre Einrichtungen und generell Lebensbedingungen, von denen vor 100 Jahren nicht einmal Bessergestellte zu träumen wagten. Die Menschen nehmen Verkehrsmittel wie Busse, Bahnen, Flugzeuge, Schiffe oder auch Infrastruktur wie Kliniken in Anspruch und haben sich völlig daran gewöhnt, selbstverständlich ihre Bedürfnisse zu befriedigen, wie es ihnen vor einigen Jahrzehnten noch nicht möglich war. Einem einfachen Arbeiter war im Jahre 1964 eine Flugreise nach New York kaum möglich, auch konnte er kein Ferngespräch aufgrund der damals hohen Gebühren bezahlen. Heute bereist seine Enkelin die fernsten Länder der Welt, schickt ihren Freundinnen SMS und telefoniert stundenlang mit ihrem Handy. Als der berühmteste Italienreisende Wolfgang von Goethe im Frühjahr 1787 Sizilien bereiste, mussten er und seine Gefährten nach ihren beschwerlichen Tagesreisen sich mit primitiven Ruhestätten aus Holzplanken und Strohsäcken begnügen. Wem würde man das heute noch zumuten?

Gegenwärtig fahren immer mehr Busse mit Wasserstoffantrieb, Bahnen werden immer umweltfreundlicher, Flugzeuge reduzieren den Kerosinverbrauch. Die Zeit ist nicht mehr fern, da lässt sich auch für den Luftverkehr Sonnenenergie nutzen. Beim Bau neuer Kreuzfahrtschiffe wird sehr darauf geachtet, Ressourcen und ganz allgemein die Umwelt zu schonen.

In den Wüsten wird es eine wachsende Zahl Sonnenkraftwerke geben, zudem immer mehr Solaranlagen in Städten und Dörfern. Solaranlagen beanspruchen große Naturflächen, weshalb auch an Solarinseln auf dem Meer gedacht wird. Entwicklungen brauchen allerdings Zeit. Das erste Solarhaus der Welt gab es 1973 in den USA. Es wurde von der Universität Delaware nach Plänen von K. W. Boer gebaut. An sonnigen Tagen sammelten Dachkollektoren in den elektrischen und thermischen Batterien Vorräte an, um das Haus zu beheizen. Schon 1983 ging auf der Insel Pellworm ein Solarkraftwerk in Betrieb. In Siliziumzellen wurde Sonnenenergie in Elektrizität umgewandelt. Allerdings konnte mit dieser Anlage, sie lieferte maximal 300 kW, nicht bewiesen werden, dass sich Solarenergie in unseren Breitengraden wirtschaftlich nutzen lässt. Windkraftwerke besitzen auch eine Zukunft, obwohl sie – denken wir an die Vogelwelt – nicht immer umweltfreundlich sind. In der Planung befinden sich 67 Windparks in der Ostsee, Leistung 25.000 Mega-Watt Strom. Allerdings entstehen durch diese Anlagen erhebliche Risiken für die Schiffe und die Fischerei. Proteste der Naturschützer gegen weitere Windparks sind schon an der Tagesordnung. Dennoch könnte vorsichtigen Schätzungen zufolge Windkraft bis zum Jahre 2050 einen größeren Anteil der regenerativen Stromproduktion abdecken. Dennoch sind zu große Erwartungen nicht angebracht.

Die Windkraft wurde in den letzten zehn Jahren mit 21 Mrd. Euro subventioniert. Abgedeckt wurden damit lediglich 6,3 Prozent des Strombedarfs. Immerhin sind bei den Windrädern konstruktive Entwicklungsfortschritte zu erwarten, wodurch sich die Leistung einzelner Windräder erhöht und für einen Windpark eine kleinere Bodenfläche ausreicht.

In den USA wird von derartigen Zukunftstechnologien eine wirtschaftliche Belebung erhofft. Durch das Nutzen von Windkraft soll bis 2030 ein Fünftel des Strombedarfs gewonnen werden. In Kalifornien besitzt die Nutzung der Sonnenergie eine positive

Perspektive. Völlig abwegig ist aber die These „Sonne und Wind gibt es umsonst", wie sie etwa von Franz Alt propagiert wird. Ob wir Sonne, Wind, Öl, Erdgas, Kohle usw. nutzen, niemals lässt sich ohne Kosten, Arbeit, Einsatz von Materialien Energie erzeugen. Eine einzige Windeinheit erfordert zehnmal soviel Eisen und Kupfer wie etwa eine Einheit Atom. Energie lässt sich nicht erneuern, Energie wird immer verbraucht und muss neu erzeugt werden. Vergegenwärtigen wir uns: Die Subventionierung von Photovoltaikanlagen übersteigt die Förderung bei der Steinkohle noch bei weitem. Es wurden mehr als 10 Mrd. Euro Subventionen aufgewendet, aber das Ergebnis ist noch äußerst mager: Bisher wurden weniger als 1 Prozent des Stromverbrauchs abgedeckt. Fortschritte wird es bei Solarkraftwerken geben. Im Oktober 2011 ist eine derartige Anlage in Gemasolar bei Sevilla (Spanien) in Betrieb gegangen, die erstmals einen vollen Tag, also auch nachts, Elektrizität ins Netz einspeisen kann.

Eine Zukunft besitzen Passivhäuser, die unabhängig von Öl und Gas sind, und um die Erdwärme zu nutzen eine Wärmepumpe benötigen. Lässt sich der Stromverbrauch reduzieren, dürften sich die Energiekosten gegenüber den fossilen Alternativen rechnen. Bei älteren Häusern sorgen eine bessere Wärmedämmung und die Verwendung von sparsamen Gas-Brennwertheizungen für einen geringeren Verbrauch an fossilen Brennstoffen sowie für eine erhebliche Reduzierung von schädlichen Emissionen. Plusenergiehäuser könnten die Möglichkeit bieten, für sich mehr Strom als benötigt zu erzeugen. In den nächsten Jahrzehnten besitzt auch Bio-Erdgas eine Zukunft, auch in Verbindung mit Solaranlagen. Für Elektrofahrzeuge der Zukunft werden die Autobauer auf Stahl und Aluminium verzichten und stattdessen Karbonfasern verwenden, damit sich der Energieverbrauch erheblich reduziert. Entwickelt werden zudem leistungsfähigere Batterien unter Verwendung von Lithium-Schwefel.

Entscheiden sich Konsumenten für umweltfreundliche Produkte und Dienstleistungen, werden sie in einer funktionierenden Marktwirtschaft auch verstärkt angeboten. Dass die Produzenten und Vertriebe in ihrer Werbung auf den Klimawandel und die Erderwärmung verweisen, versteht sich von selbst. Das wird ihnen von der Politik und den Medien geradezu aufgezwungen.

Wer sich heute biologisch gesund ernähren will, dem steht nichts im Wege, er muss dafür keinen Kapitalismus überwinden. Aber, wird eingewendet, es gibt doch die Macht der Konzerne und diese versündigen sich an den natürlichen Lebengrundlagen. Eine monopolisierte Wirtschaft ist kein freier Markt, aber wer immer über ein Monopol verfügt, bleibt von den Konsumenten abhängig. Sobald die Konsumenten nicht mehr mitspielen, bestimmte Produkte und Dienstleistungen nicht in Anspruch nehmen, gar boykottieren, gerät selbst ein Monopolist in Schwierigkeiten. Solange ein wirtschaftliches Monopol, etwa beim Trinkwasser, bei der Bahn, Dienstleistungen vorbildlich erfüllt, Bedürfnisse der Konsumenten befriedigt, dürfte es Akzeptanz besitzen. Ist dies nicht der Fall, dreht sich der Wind, und ein jedes Monopol gerät dann in stürmische Zeiten. Ein Ölkonzern wie BP verlor nicht nur Sympathien, sondern musste auch hohe Verluste hinnehmen und Milliarden für die Beseitigung von Umweltschäden aufwenden. Das ist der Preis für antimarktwirtschaftliches Verhalten. Wer den Kunden nicht dienlich ist, auch noch Schäden an der Umwelt durch sein Verhalten verursacht, wird abgestraft. Das kann für ein Unternehmen sehr schmerzlich sein. Allein die Kosten für die Ölpest im Golf von Mexiko belaufen sich für den BP-Konzern auf 11,2 Milliarden Dollar. Zehntausende Geschädigte erhielten bereits 1,2 Milliarden Dollar Entschädigung. Ins Meer flossen 780 Millionen Liter Öl und sind damit für den Konzern verloren. Diese Erfahrung wird den Konzern zu mehr Sicherheit bei der Ölförderung zwingen. Auch Konsumenten werden verstärkt die vom Öl unabhängigen Alternativen nutzen.

Es wird absehbar keinen Verzicht auf Öl geben, zumal es für die Verbrennungsmotoren noch mindesten für zwei Jahrzehnte gebraucht wird. Deshalb setzen Länder wie Norwegen und Grönland weiter auf Ölförderung. Unumstritten vollzieht sich der Abschied vom fossilen Zeitalter. Eine Legende besagte, weil sie in ein ideologisches Weltbild passte, die USA führten den Irak Krieg, um an die Ölquellen zu kommen. Nur stimmt das nicht. Die US-Armee besitzt keinen Zugriff auf die irakischen Ölvorkommen. Die Militärs müssen das teure Öl auf dem Weltmarkt kaufen. Die USA streben danach, unabhängiger vom Öl insbesondere im Nahen Osten zu werden. In der Forschung und Entwicklung setzt das Militär auf „grün", aber angestrebt werden nicht der wenig sinnvolle Agrardiesel, sondern langlebige Brennstoffzellen. Die US-Armee ist der größte Kunde für Kleinbatterien auf der Erde. Dass sich das Militär bei der Forschung und Entwicklung auf grüne Alternativen konzentriert, dürfte auch den Beifall der Grünen finden.

Klima-Alarmismus als Ablenkungsstrategie

Das Thema Klimawandel, Klimakatastrophe, besitzt auch eine Ablenkungsfunktion von heute wirklich wichtigen Fragen wie etwa der Schuldenkrise/Finanzkrise und der fortschreitenden Entmündigung der Bürger. Dass sich das Volk so leicht betrügen lässt, zur Freude der Politiker aller Parteien, resultiert aus einer blinden Staatsgläubigkeit. Dazu gehört das ideologisch gern gepflegte Weltbild: der Markt hat versagt. Nur stimmt das nicht. Auf den Prüfstand gehört eigentlich der Staat mit seinen machtpolitischen Monopolen, von Regierungen erzeugten Schuldenkrisen, falscher Geldpolitik und den daraus resultierenden, verfallenden Währungen, Deflationen und Inflationen.

Das Geldwesen ist ein staatlich regulierter Markt, staatliche Zentralbanken sind verantwortlich für die Geldproduktion, die Geldschwemme und für die abnehmende Währungsstabilität. So vergibt der IWF (Internationaler Währungsfonds) Kredite an Regierungen, nicht an die Privatwirtschaft, und fördert staatliche Planwirtschaft zur Realisierung machtpolitischer Ziele. Bei der sogenannten Griechenland-Hilfe nutzte der französische Präsident Sarkozy den IWF zur Rettung der französischen Banken, nicht zur Rettung des griechischen Volkes. Die Rechnungen werden dann stets vom Steuerzahler beglichen. Unbestreitbar werden in China Menschenrechte missachtet. Inzwischen spielt der kommunistische Staat eine führende Rolle in der Weltwirtschaft und erreicht einen weltweiten Anteil an der Wirtschaftsleistung von 18 Prozent, gegenüber den USA mit 24 Prozent und Deutschland mit 5 Prozent. Noch fehlen angesichts der wirtschaftlichen Freiheiten das Pendant: die politische Freiheit. Auf Dauer lässt sich diese auch in China nicht unterdrücken, und die Kommunisten werden immer stärker mit einer Demokratiebewegung konfrontiert. In den diktatorischen Staaten, die wirtschaftliche Freiheiten zulassen, bleibt es nicht aus, längerfristig auch politische Freiheiten gewähren zu müssen. Das ist eine vielfach belegte Grundtendenz und eine Ursache, warum politische Machthaber auf Biegen und Brechen versuchen nicht die Kontrolle über „ihr" Volk zu verlieren. Kommunisten geht es immer um die Macht über Menschen und das erkennen immer mehr Menschen. Sie schließen sich der Meinung von Liu Xiaobo an: „Seit die Kommunisten an der Macht sind, haben sie sich nur um deren Erhaltung gesorgt und am wenigsten um das Volk ..."

Im gesamten arabischen Raum begehren die Menschen auf, besonders die Jugendlichen, und wenn islamische Extremisten ihre Vorstellungen von einem Gottesstaat, ähnlich wie im Iran, durchsetzen wollen, befinden sie sich im Konflikt mit aufgeklärten westlich orientierten Menschen, Gruppen und Parteien. In Europa zwang einmal die Aufklärung die christlichen Kirchen zur Toleranz und wenn der Islam eine Zukunft haben will, gewinnt er sie nur durch Toleranz. Atheisten müssen religiöse Menschen akzeptieren und umgekehrt. Die Chancen für einen Wandel stehen deshalb langfristig gut. Die Menschen in Ägypten, Tunesien, Marokko und Syrien wissen aus eigener Erfahrung: ohne Tourismus besitzen ihre Länder keine Zukunft, sie müssen Reisende mit Respekt und Toleranz behandeln. Wer zu uns kommt, sagte mir ein Ägypter vor vielen Jahren, muss sich bei uns wohl fühlen. Mustafa verstand sich darauf. Ob wir uns diesbezüglich auf künftige Machthaber und Eliten verlassen können, bleibt freilich abzuwarten. Die Entmachtung des Schahs von Persien wurde auch von den Linken bejubelt, aber dann kamen die Mullahs, und der Iran gibt keinen Anlass zum Jubeln, eher zum Fürchten. Immerhin gab der Nationalrat von Libyen eine Erklärung ab, wonach es beim Aufbau in Libyen keine Alternative zum Aufbau einer freien und demokratischen Gesellschaft gibt. Das lässt wirklich hoffen.

Und wo immer es einen starken Staat gibt, finden wir ein entsprechendes militärisches Potential. Unternehmen, die von staatlichen Aufträgen profitieren oder denen ein gewisser Handel gestattet wird, nutzen für sich wirtschaftliche Freiheiten. Damit sind sie keine

Befürworter einer freien Marktwirtschaft, denn diese ist untrennbar mit Selbstbestimmung, sowie politischer Freiheit der Produzenten und Konsumenten verbunden. Es gab immer Unternehmer und Konzerne, die nicht für Marktfreiheit eintraten, sondern Erfüllungsgehilfen für die Machtpolitik von Regierungen waren. Stets haben staatliche Interventionen dazu beigetragen, dass die Finanzmärkte ihre Leistungsfähigkeit einbüßten, Risiko geschürt und der Markt ausgehebelt wurde.

Man wunderte sich darüber, warum die Krise nicht schlimmer ausfiel, manche sahen schon den Zusammenbruch des Kapitalismus kommen. Aber darauf gibt es eine einfache Antwort: Es waren und sind Unternehmen mit ihren Belegschaften und ihren Betriebsräten, deren Produkte gefragt blieben, die sich mit ihren Produkten und Dienstleistungen am Markt behaupten. Solange eine partielle Marktwirtschaft existiert, mehr haben wir nicht, halten aktive Menschen die Wirtschaft am Leben. Die Zentralbanken erzeugten zwar eine hohe Liquidität und verursachten eine Geldschwemme. Zuvor konnten sich mit der Globalisierung Märkte ausweiten, steigerte sich der Wettbewerb. So kam es auf den Gütermärkten nicht zu einer Krise in dem erwarteten Ausmaß. Damit ist keineswegs die Gefahr einer Inflation gebannt. Nur solange Geld in Anlagen gebunden wird, in Aktien, Fonds, Edelmetallen und Sparbüchern, überschwemmt diese Liquidität nicht den Warenmarkt. Forderungen nach Geldreformen, die ein Geld hervorbringen, das dem Austausch von Produkten und Dienstleistungen dient, nicht dem Wucher, bleiben aktuell. Ein zwischenzeitlicher Boom, eine Markterholung, sinkende Arbeitslosigkeit (da spielt auch die demografische Entwicklung eine Rolle), ist kein Verdienst der Regierung und der Parteien. Sie schmücken sich mit fremden Federn. Unternehmer, Arbeitgeber sind für Sozialisten grundsätzlich Feinde, Ausbeuter. Auch dieses ideologische Weltbild stimmt nicht mit der Realität überein. Rund 90 Prozent der Studierenden in Deutschland suchen nach ihrem Studium einen Arbeitgeber, sind nicht an einer Selbständigkeit interessiert. Dennoch werden die Arbeit schaffenden Unternehmer zum Feindbild stilisiert, sollen sie Ausbeuter sein, besitzen sie ein negatives Image. Nun sind die meisten Chefs darauf bedacht, motivierte Mitarbeiter zu haben, und entsprechend sind Führungskräfte darin geschult, die Motivation der Angestellten zu erhöhen. Es gibt Ausnahmen, doch

Fälle wie die Drogeriekette Schlecker zeigen: Wenn sich Arbeitgeber gegenüber ihren Belegschaften mies verhalten, ziehen sie am Ende den Kürzeren. Die Firma Rossmann, ebenfalls eine Drogeriekette, verhält sich da anders und entsprechend gut ist ihr Ansehen bei ihren „Leuten".

Unternehmer handeln unklug und unwirtschaftlich, wenn sie ihre Leute schlecht behandeln. Winston Churchill brachte es auf den Punkt: „Manche halten den Unternehmer für einen räudigen Wolf, den man totschlagen müsse; andere meinen, er sei eine Kuh, die man ununterbrochen melken könne, nur wenige sehen in ihm ein Pferd, das den Karren zieht…" Und wenn sich junge Menschen nach ihrem Studium für eine eigene Firma entscheiden, wird ihnen sehr schnell bewusst, dass ihre eigene individuelle Leistung gefordert ist und nur wenn sie sich marktwirtschaftlich verhalten, ihren Kunden Qualität bieten, besitzt ihre Firma eine Zukunft.

Ihnen bleiben die Erfahrungen mit der staatlichen Bürokratie nicht erspart, etwa dass sie nicht immer sinnvolle gesetzliche Auflagen einhalten müssen, dass Abgaben und Steuern zu erwirtschaften sind, ihnen häufig weniger Netto bleibt als erhofft. Eigentlich sollte der Zusammenbruch des Realsozialismus – schließlich waren anarchistische Denker nie vom Sieg und Segen des Kommunismus überzeugt – zur ihrer Auseinandersetzung mit den Ursachen des Scheiterns führen. Nur war das paradoxerweise nie der Fall.

Die Beseitigung der kommunistischen Diktatur wurde begrüßt, aber das marxistisch geprägte Weltbild vom Kapitalismus blieb kritiklos und nie hinterfragt im Bewusstsein der Linken erhalten. Das Kapital ist schuld am Elend der Welt. Wegen bestimmter Machenschaften lässt sich diesbezüglich einiges anführen. Nur dominiert auch hier ein falsches Weltbild, propagiert von den Linken, die behaupten, seit dem Zusammenbruch des Kommunismus habe das Elend in der Welt zugenommen, gingen mehr Arbeitsplätze verloren. Diese Vision stimmt nicht mit der Realität überein. So erhöhte sich die Zahl der Arbeitsplätze um 43 Millionen, 800 Millionen Menschen fanden einen neuen Arbeitsplatz. Ein Land wie Ghana, versorgt mit westlicher Entwicklungshilfe, blieb so arm wie 1960, mit 500 Dollar pro Kopf Jahreseinkommen. In Südkorea mussten sich die Menschen 1960 mit einem jährlichen Einkommen von 500 Dollar begnügen, heute liegt es bei 20.000 Dollar. Nicht nur in den hoch entwickelten Staaten, auch in den Entwicklungsländern stieg die Lebenserwartung. Sie ist heute höher als vor 100 Jahren in England. Litten in den Entwicklungsländern 1970 noch 960 Millionen Menschen an Unterernährung, waren es 1996 nur noch 790 Millionen. Während sich in Ost- und Südasien der prozentuale Anteil der Hungernden von 49 Prozent auf 13 Prozent reduzierte und in Lateinamerika von 19 auf 11 Prozent, verlief die Entwicklung in Afrika weniger günstig. Das Hauptproblem sind hier autoritäre und zentralistische Staaten, korrupte Regierungen, die den Markt ausschalten, Handel und Wandel nicht zulassen. Für die Hungersnot in Simbabwe ist der sich bereichernde Diktator Mugabe verantwortlich, nicht die rücksichtslos vertriebenen weißen Farmer und auch nicht, wie behauptet, die frühere Kolonialmacht Großbritannien.

Verbreitet ist auch der erfolgreich propagierte Glaube, die Völker des Westens seien die eigentlichen Schuldigen für die Probleme auf dem afrikanischen Kontinent. Dem ist aber nicht so. Der afrikanische Intellektuelle Mocletsi Mbeki sieht die Schuld für die Misere des Kontinents nicht bei den früheren Kolonialmächten, sondern bei den einheimischen korrupten Eliten.

Bedenken wir den Segen und den Fortschritt im letzten Jahrhundert, (Waschmaschinen, Kühlschränke, Fernsehen, Autos, Computer, Videogeräte), dürfte es kaum Menschen geben, die darauf verzichten wollen. Pharmazeutische Konzerne nutzen es, mit dem staatlichen Segen weniger notwendige Medikamente zu vermarkten, aber sie haben, wie auch die Medizintechnik, wesentliche Beiträge für eine gesündere Bevölkerung und eine höhere Lebenserwartung geleistet. Die Menschen in Afrika, in den Entwicklungsländern und den Industriestaaten, wollen und werden auf diese Fortschritte nicht verzichten. Trotzdem wird eine gewisse Technikfeindlichkeit gehegt und gepflegt. Insbesondere von denen, die nicht daran interessiert sind, dass es allen Menschen gleich gut oder gar besser gehen könnte. Gutes tun wollen die Sozialisten aller Couleur. Sie glauben zu wissen, was gut für die Menschen ist. Und da sie nur ihre Bilder einer von ihnen gewünschten Gesellschaft gelten lassen, versäumen sie eine differenzierte Analyse der soziologisch-wirtschaftlichen und technologischen Evolution im 20. und im 21. Jahrhundert.

Libertäre wie Rudolf Rocker oder auch Helmut Rüdiger stellten sich den gesellschaftlichen und wirtschaftlichen Veränderungen, suchten libertäre Ideen in einer veränderten Welt zu bewahren, zu entwickeln. Doch davon wollten viele nichts wissen und so geriet der Anarchismus in das Abseits der Geschichte. Günter Bartsch, ein Kenner der anarchistischen Szene, meinte: „die Anarchisten haben nichts gelernt und sind von der Geschichte abserviert worden…" Das mag für bestimmte libertäre Gruppierungen gelten, nur das Grundanliegen nach einer selbstbestimmten Gesellschaft bleibt aktuell, und es könnte in den nächsten Jahren Bestrebungen geben, in denen sich Libertäre auf einen gemeinsamen Konsens verständigen.

Soziale freiheitliche Projekte verdienen Aufmerksamkeit, vermitteln auch Initiativen für ein gemeinschaftliches Handeln, nur begeistert sich dafür lediglich eine Handvoll von Gleichgesinnten. Doch wenn sich Menschen in Gemeinschaften verbinden und organisieren, verdient das immer die Unterstützung von allen Menschen, die unabhängig von den Herrschenden ihren eigenen Weg gehen wollen und sich für ihr eigenes Leben entscheiden. In den Industriestaaten finden sich bestimmte Alternativen für eine sogenannte Umsonstökonomie. Damit lassen sich Träume von einem Geben und Nehmen ausleben, aber das bleibt in der Regel ein Anliegen kleiner Minderheiten. Wie sich Produkte und Dienstleistungen ohne ein Geld, das auch Zahlungs- und Rechenmittel ist, austauschen und bewerten lassen, bleibt bei allen Idealisten ein Rätsel, verschweigen sie doch, wie sich wirtschaftlich-soziale Transaktionen ohne ein brauchbares Tauschmittel vollziehen können. So wird von diesen Idealisten völlig verkannt, welche elementare Bedeutung „Geld" für die Existenz der menschlichen Gesellschaft besitzt und dass es sich hier in Wahrheit um eine geniale Erfindung handelt. Das ist auch der Grund dafür, warum die Existenz einer jeden Nation gefährdet ist, es mit der Freiheit bergab geht, wenn das Geldwesen seine Funktionen nicht mehr erfüllt. In diesem Punkt befinden sich Kritiker der herrschenden Wirtschaftsordnung und Idealisten nicht auf der Höhe der Zeit. J. H. Mackay konstatierte: „Geld rollte durch die Hände der

Menschen, und sie wussten kaum, was das war – Geld; unzählige Male an einem Tag tauschten sie ihre Arbeit ein und aus und hatten von dem wahren Wesen des Tausches keine Ahnung...“[15] Solange sich Geld in Bewegung befindet, es von Hand zu Hand wandert, richtet es keinen Schaden an. Es werden noch keine Alternativen wahrgenommen oder erkannt, womit Freiheitsfreunde den Staat und damit die Herrschenden wirksam konfrontieren und in Bedrängnis bringen. Dass der Staat als Vater, Beschützer, Retter vor der Not verstanden wird, gehört zur ideologischen Tradition, zum Weltbild der Linken. Aber auch einige Libertäre sind da recht staatsgläubig. Der gefährlichste Monopolist steht also außerhalb der Kritik, abgesehen von einigen Freiheitsfreunden, die sich dem kältesten Ungeheurer aller Zeiten nicht freiwillig anvertrauen. Schlimmer noch, Nischen können für idealistische Menschen befriedigend sein, nur behindern auch sie die Bündelung von Kräften, um dem aggressiven Staat wirksam Paroli zu bieten. Freiheit und Autonomie sind nicht nur als ein Anliegen einer schwindenden Arbeiterschaft zu verstehen, sondern auch als das einer breiten Bevölkerungsschicht, wozu mittelständische Unternehmer mit ihren Mitarbeitern ebenso gehören wie Künstler, Schauspieler, Wissenschaftler, Techniker, Ingenieure, Ärzte usw.

Staatliche Interventionen und die staatliche Zirkulationssphäre, also die Wirtschaft belastende Monopole wie das Geld-Monopol, Zwangsbesteuerung, Militär und Rüstungsindustrie, gehören zu den Hindernissen einer freiheitlich-sozialen Entwicklung der Gesellschaft.

Für die Realwirtschaft ist die derzeitige Schuldenkrise das Hauptproblem. Die Schuldenkrise wurde nicht von einem freien Markt verursacht, sondern von den Regierungen und damit den Parteien, die Gutes tun wollen, aber die Menschen daran hindern, für sich selbst etwas Gutes zu tun. In erster Linie leben Politiker mit ihrer Schuldenwirtschaft und verantwortungsloser Geldpolitik über ihre Verhältnisse. Sie müssen nicht fürchten, mit dieser Realität konfrontiert zu werden, denn sie machen für die Staatsverschuldung, Geldentwertung, Inflation und Arbeitslosigkeit erfolgreich sogenannte Finanzkrisen verantwort-

---

[15] John Henry Mackay: Der Freiheitssucher, 1982, S. 112.

lich. Ihnen hier Paroli zu bieten, wird durch eine blinde, und besonders in Deutschland verbreitete Staatsgläubigkeit verhindert. Erneut hat sich ein ideologisches Weltbild als Irrtum erwiesen, auch wenn viele Linke und Rechte noch immer wider besseren Wissens daran glauben: freies Unternehmertum, Marktwirtschaft sind gerade nicht die Ursache für Not, Elend und Armut in der Welt. Irrtümer lassen sich verzeihen; Lügen, die aus ideologischen Gründen am Leben gehalten werden, nicht. Es gab Freiheitsfreunde, die nicht auf die Anerkennung der DDR setzten und sich ihren Glauben an die Freiheit und an den Sieg der Freiheit bewahrten. Freiheitliche Ökonomen waren und sind davon überzeugt, längerfristig ist jede staatliche Planwirtschaft zum Scheitern verurteilt. Der Untergang des Kommunismus überraschte sie nicht, nur hätten sie diesen früher erwartet. Allerdings gab es ja auch eine ebenso kostspielige wie törichte Politik, die vom deutschen Steuerzahler finanziert wurde und das Absterben des Kommunismus mit seiner bankrotten Planwirtschaft in der DDR durch einen Milliarden-Kredit hinausgezögert hat.

Freiheitsfreunde verbanden mit der Niederlage des Kommunismus Erwartungen, welche sich nicht erfüllten. Dennoch gibt es hoffnungsvolle Tendenzen. Der Wohlstand ist weltweit gewachsen, die Zahl der demokratischen Staaten ebenfalls, und es gibt weniger Kriege als in den Jahrzehnten zuvor. Demokratische Staaten führen keine Kriege gegeneinander, sie pflegen Konflikte anders zu lösen.

Es gab in der Geschichte der Menschheit immer wieder Wirtschaftskrisen, Handelskrisen, Finanzkrisen, aber jeder neue Zyklus begann auf einem höheren Wohlstandsniveau. Rund zwei Jahrhunderte Wirtschaftswachstum haben den Lebensstandard weltweit erhöht und selbst massive Rezessionen haben nicht zu globaler Armut geführt. Wirtschaftlich traf für die Demokratien eher zu, was B. R. Tucker so formulierte: „Kapitalismus ist wenigstens erträglich, was vom Sozialismus oder Kommunismus nicht gesagt werden kann."[16]

---

[16] Benjamin Tucker: Männer gegen den Staat, Bd. 2, 1980, S. 434.

Profiteure und Nutznießer

Am besten sorgt der Staat für seine Untertanen, nutzen die Politiker den Staat als Selbstbedienungsladen und versüßen ihr eigenes Leben. Auch darüber hinaus gibt es Profiteure staatlicher Privilegien und Subventionen. Was für manche Positionen in der Politik und Industrie gilt, findet sich auch im Bereich Forschung und Wissenschaft: „wess' Brot ich ess', dess' Lied ich sing". Im Dezember 1974, also vor 36 Jahren, titelte der Spiegel: „Die Beamten fressen den Staat." Im Interview zeigte sich der damals amtierende Bundespräsident Gustav Heinemann ratlos, sprach von der Selbstbedienung derer, die drin sind und setzte hinzu, er fürchte, es werde bei der Unvernunft der Beteiligten ein bitteres Ende nehmen. Eine angemessene Reform sah die Regierung als ihr Ziel an, und diese konnte sich auch sehen lassen. Die Staatsdiener kamen schon 1973 auf ein durchschnittliches Monatsgehalt von 2.032 Mark, in der freien Wirtschaft begnügten sich die Arbeitnehmer mit 1.655 Mark, in Handel und Verkehr sogar nur mit 1.389 Mark. Während sich die Rentner mit 46 Prozent des letzten Bruttolohnes aus ihrer Sozialversicherung bescheiden mussten, konnten sich die Beamten über Dreiviertel ihres letzten Einkommens freuen und hatten „frei nach Fielmann" keine Mark Beitrag dazu gezahlt. Der Staat machte es möglich, freilich mit weiteren 50 Milliarden Mark Schulden.

Natürlich kenne ich nicht wenige Menschen, die überzeugt davon sind, sie könnten als Berufspolitiker oder professionelle Gewerkschafter etwas gestalten, bewirken, eine andere Gesellschaft in ihrem Sinne realisieren. Entscheiden sich junge Menschen für eine Parteikarriere, so nutzen sie ihre Berufe als Juristen, Volkswirte, Soziologen, Politologen etc., um ein öffentliches Amt oder Mandat anzustreben. Nach Kurt Tucholsky tragen sie dann Verantwortung, haben aber keine.

Von einem einfachen Bürger wird erwartet, besonders von einem mittleren Unternehmer, seine Ausgaben an seinen Einnahmen zu orientieren, eine Gewinn- und Verlustrechnung zu verstehen, eine Bilanz lesen zu können. Abgeordnete brauchen das alles nicht. Politische Positionen besitzen gegenüber Berufen und Tätigkeiten in der freien Wirtschaft einen entscheidenden Vorteil: Sie sind profitabel und risikolos.

Freilich, um sein Mandat zu behalten, muss man wieder gewählt werden. Folglich müssen sich Kandidaten mit ihren Parteigremien gut stellen, um sich bei der nächsten Wahl einen guten Listenplatz zu ergattern. Wer den Posten des Vorsitzenden anstrebt, muss innerhalb seiner Partei ein Netzwerk aufbauen, am besten sich als Zögling von einem Ziehvater oder einer Ziehmutter bewähren. Junge Leute, die eine Parteikarriere anstreben, können auch mal eine Lippe riskieren, sich kritisch einbringen, womit man auch auffällt, seinen Namen in die Medien bringt. Nur sollten sie darauf bedacht sein, es sich nicht mit den Altvorderen zu verderben. Die entscheiden schließlich maßgeblich darüber, ob man sich auf den hinteren oder vorderen Listenplätzen befindet. Ein Bundestagsmandat ist heute eine lukrative Sache. Als Ex-Kanzler Helmut Schmidt im ersten Bundestag seinen Sitz im Parlament besaß, musste er noch selbst schauen, wie er von Hamburg nach Bonn reiste. Heute ist das für Bundestagsabgeordnete kostenlos möglich. Privilegien gibt es reichlich, nicht nur den berühmten Dienstwagen, auch bei einer Flug- und Bahnreise sitzt man nicht in der Holzklasse. Gehälter sind weit vom Durchschnittseinkommen entfernt und die Pensionen garantieren im Alter ein sorgenloses Dasein.

Für ein Regierungsamt sind keine besonderen Qualifikationen erforderlich. Heute Wirtschaftsminister, morgen Verteidigungsminister, das ist alles kein Problem. Für Redetexte und Presseinformationen stehen professionelle Referenten zur Verfügung. Sehr vorteilhaft ist es, sich in einer Talkshow gut zu vermarkten. Ein prominentes Beispiel ist Oskar Lafontaine. Um sich anzupreisen, genügt in der Regel ein einfache Argumentation: Soziale Gerechtigkeit, mehr Geld für die Armen, Lasten auf die starken Schultern verteilen, mehr Steuern von den Reichen eintreiben usw. Das kommt immer gut an. Politiker sind abhängig von der Zustimmung ihrer Wähler und um Stimmen bei den Wahlen zu gewinnen, sind sie auf Versprechungen angewiesen, bei denen sie nicht zimperlich sind, auch dann nicht, wenn sie sehr genau wissen, sie können sie nicht halten. Leider gibt es nur wenige öffentlich bekannte Ausnahmen. Ein geradezu ignoriertes Problem ist die Tatsache, dass Politiker sich für ihre Existenz profilieren müssen und daher permanent betonen, sie müssten den Wählern „Gutes" tun – für den Stimmenfang behaupten sie zuweilen Dinge, von denen sie selbst gar nicht überzeugt sind. Und völlig fern liegt ihnen die Vorstellung, Menschen in die Lage zu versetzen, für sich selbst Gutes zu tun, denn dann würden sie keine politischen Vormünder benötigen.

Wer ein öffentliches Amt innehat, sich auf den Weg einer öffentlichen Karriere begibt, sollte niemals vergessen, zwischen den etablierten Parteien und Medien besteht ein Einverständnis: Political Correctness! Verhält sich ein gestandener oder angehender Politiker politisch nicht korrekt, verliert er seine Privilegien, droht sein Karriereende. Hat man erst einmal eine etablierte Position erreicht, kann selbst der Ausschluss aus einer Partei materiell nicht schrecken. Man verlässt sein Amt, freut sich auf die nächste Kreuzfahrt und schreibt ein Buch, um mit seinen Parteigenossen abzurechnen. Der Staat hat sonnige Zeiten zu bieten, und diese kann man auch als Politpensionär mit der Angetrauten genießen.

Bundespräsident Horst Köhler konnte auch das Handtuch werfen und aus seinem Amt flüchten, weil er sehr genau wusste, ihn und seine Frau erwartet ein komfortables Leben. Er mag für seine Entscheidung persönliche Gründe gehabt haben, vielleicht störte ihn auch seine Unterschrift unter ein Papier für Milliardenverschuldungen in einem dubiosen Rettungsschirm. Wie auch immer, er nutzte ein risikoloses Privileg. Das Bundespräsidialamt ließe sich sicher einsparen. Davon bin ich besonders überzeugt, als ich bei einer Veranstaltung im Hamburger Rathaus Bundespräsidenten Johannes Rau erlebte. Damals allerdings schon gesundheitlich angeschlagen, wusste er in seiner Ansprache nicht einmal mehr, in welcher Stadt er sich befand. Als er den Rathaussaal verließ, standen die Menschen von ihren Stühlen auf, wohl um das Staatsoberhaupt zu ehren. Unser letzter Bundespräsident war der frühere niedersächsische Ministerpräsident Christian Wulff.[17] Mit einer attraktiven Frau an seiner Seite wollte er Glanz und Glamour verbreiten, auf seinen Reisen durch die Republik Menschen begeistern, Lob und Tadel verteilen. Der Sozialdemokrat Thilo Sarrazin verdankt

---

[17] Christian Wulff fühlte sich in seiner Rolle als Bundespräsident sehr wohl und er verließ das Schloss Bellevue nolens volens, um dem einstigen Bürgerrechtler Joachim Gauck Platz zu machen. Dem Steuerzahler kostet das Präsidialamt rund 30 Millionen Euro jährlich, aber handelt sich hier um eine lohnende Investition?

ihm wahrscheinlich eine höhere Pension. Was die Höhe der Bezüge anbelangt, hat sich die politische Kaste vom Volk schon längst weit entfernt.

Auch der Hamburger Bürgermeister Ole von Beust besaß für seinen Rücktritt keine plausiblen Gründe. Er hatte aber materiell nichts zu befürchten, ihn erwartete eine prächtige Pension, dazu noch ein Übergangsgeld. So dürfte er sehr weich fallen und sich, wie ein Senatssprecher betonte, mit neuen interessanteren Aufgaben befassen. Auf der Insel Sylt lässt es sich als Politpensionär mit einem jungen Geliebten gut leben. Ole von Beust erlebte ich im Hamburger Rathaus mehrfach als Redner, nicht so imposant wie auf dem Bildschirm, vielleicht etwas hölzern, aber auf das Ablesen von Texten war er gut trainiert. Hamburg wurde unter seiner Regierung reicher, reicher an Schulden. Immerhin kommt Hamburg auf eine Pro-Kopf-Verschuldung von 13.565 Euro. Bürgermeister Ole von Beust bescherte der Stadt die Elbphilharmonie. Dieses Projekt wird um 30 Prozent teurer und belastet die kommenden Generationen mit Tilgungs- und Zinslasten. Das ist ein guter Zeitpunkt, den man als Politiker nicht verpassen sollte, um sein Amt aufzugeben.

Bürgermeister der Stadt Hamburg war zuvor Ortwin Runde. Unter seiner Regie stieg die Verschuldung 2001 auf 34,4 Milliarden D-Mark. Dazu kam noch ein stattlicher Posten für Kapitalzinsen mit 2,08 Milliarden D-Mark. In jener Zeit wurde die SPD von aufgebrachten Eltern mit der Frage konfrontiert, ob einige Millionen Mark für die Affen von Hagenbeck wichtiger seien als die Sanierung von Privatschulen. Hamburg leistet sich eine üppige Versorgung der Ex-Senatoren. Nur ein Beispiel, der rechtspopulistische Innensenator Ronald Schill war nur 23 Monate im Amt, aber sein Abschied von der Politik wurde mit einem Übergangsgeld von 175.000 Euro versüßt. Da kann man doch nicht meckern. Ole von Beust war weltoffener als mancher sozialdemokratische Bürgermeister. Für eine Hafenstadt wie Hamburg brachte er Schwung in die Wirtschaft, außerdem fand die Innenstadt Belebung und die Stadt ist heute ein beliebtes Ziel für Touristen aus aller Welt. Das verdient erwähnt zu werden, auch wenn er vorzeitig die Segel strich.

Und wie sieht es in der Welt der Arbeitnehmer aus? Würde ein einfacher Arbeitnehmer seinen Abschied nehmen, weil er sich arbeitsmüde fühlt, in seiner Würde gekränkt oder beleidigt, geschieht das auf sein eigenes Risiko und seine eigenen Kosten. Sein Arbeitgeber wird einem Arbeitsmüden oder einer beleidigten Leberwurst nicht einen einzigen Cent hinterherwerfen. Abgeordnete pflegen oft zu sagen, sie opfern sich auf für die Allgemeinheit, könnten in der freien Wirtschaft mit ihren Fähigkeiten viel mehr Geld verdienen. Warum tun sie das eigentlich nicht? Nun, das steht ihnen ja frei, aber in der Regel verzichten sie gerne auf eine Berufstätigkeit, die ihnen weit mehr abverlangt, als das bei Berufspolitikern der Fall ist.

Hamburg hat jetzt wieder einen SPD-Bürgermeister: Olaf Scholz. Ein Hoffnungsträger löst den anderen ab, aber die Probleme bleiben, und Edwin Kreuzer, Präsident der TU und Vorsitzender der Hochschulreform, konstatierte nach einer Politikerbefragung: „Die Länge der Antworten ist überbordend. Jeder windet sich herum und macht Allgemeinplätze." Olaf Scholz wurde mit 17 Jahren Mitglied der SPD, weil er etwas für die Gerechtigkeit tun wollte. In seinen Wahlversprechungen hielt er sich im gewohnten Rahmen: Wählt mich, dann wird es rote Rosen regnen. Kostenlose Kindertagesstätten (Kitas) werden den Hamburger Etat mit 100 Millionen Euro belasten. Die Finanzierung dieser Wohltaten, Studiengebühren soll es ja auch nicht mehr geben, bleibt vorläufig noch das Geheimnis von Herrn Scholz. Das Lächeln einer schönen Frau brachte die FDP wieder in die Hamburger Bürgerschaft. So einfach kann Politik sein! Ein libertärer Grundgedanke wäre ja, Menschen in die Lage zu versetzen, ihre Bedürfnisse selbst zu finanzieren, unabhängig von Behörden zu sein, aber was wird dann aus unseren Politikern?

Das große Geldverdienen beginnt für viele Regierungsmitglieder und Abgeordnete nach dem Ausscheiden aus dem Amt. Nach der Politik kommt der Profit. Personen, die weithin bekannt sind und über Netzwerke verfügen, lassen sich von den Lobbyisten der Konzerne und Wirtschaftsverbände höchst profitabel vermarkten. Beispielhaft seien nur genannt: Gerhard Schröder, Joschka Fischer und Wolfgang Clement. Das war zu allen Zeiten so. Heinz Ruhnau (IG-Metall) wurde Chef der Lufthansa und Otto Graf Lambsdorff besaß ein Zubrot in zahlreichen Aufsichtsräten. Gerhard Schröder heuerte bei Gazprom an, einem russischen Konzern, was er sich mit jährlich

1,5 Millionen Euro honorieren lässt. Bei einer anwaltlichen Tätigkeit am Amtsgericht Hannover wären seine Einkünfte sehr viel bescheidener.

Gerhard Schröder wurde mit 19 Jahren Mitglied der SPD und ist ein Paradebeispiel dafür, wie man mit markigen Worten Vorsitzender einer Partei wird, sogar Bundeskanzler. In seiner Regierungserklärung vom 10. November 1998 beschwor er einen starken Staat, der die Schwachen schützen soll. Nur Hinweise, wie die Armen für sich selbst produktiv werden, fehlten gänzlich. Den Rentnern versprach er das Blaue vom Himmel, und was gewisse Kürzungen im Sozialbereich anbelangt, wurde er von den Sachzwängen getrieben, ohne sich mit den Ursachen der wachsenden Staatsverschuldung zu befassen. Als Gerhard Schröder 2005 abgewählt wurde, wollte er es nicht wahrhaben und präsentierte sich den Fernsehzuschauern in einem benebelten Zustand. Nicht das Volk, seine Kanzlerschaft lag ihm am Herzen.

In einem Gespräch mit dem Historiker Fritz Stern brachte Ex-Kanzler Helmut Schmidt eine Sichtweise ein, die er offenbar als amtierender Kanzler noch nicht besaß: „Die Schlüsselfrage war immer die Finanzierung des Haushalts. Die deutschen Sozialdemokraten verstanden leider mit ein, zwei Ausnahmen nichts davon, wie man einen Haushalt finanziert. Die haben immer nur soziale Forderungen gestellt: mehr Rente, mehr Arbeitslosenunterstützung, mehr Sozialfürsorge, Schulen für jedermann, Universitäten für jedermann – aber dass das auch finanziert werden muss, da haben sie dran vorbeigeguckt. Es gab vor dem Ersten Weltkrieg einen einzigen, der etwas von Finanzpolitik verstanden hat und der gewusst hat, dass man Geld nicht einfach drucken kann. Sonst hat bis dahin kein Sozi in Deutschland etwas von Geld verstanden..." Dass Politiker aller Couleur Wahlversprechungen machen, um beim Volk gut anzukommen, dabei kaum an eine Finanzierung denken, hat auch etwas mit einem Freibrief für den Umgang mit dem Geld der Bürger zu tun. Es lohnt sich immer an den Trog zu kommen!

Schließlich hat es sich bei den Parteien eingebürgert, verdiente Genossinnen und Genossen zu einem Posten in der EU zu verhelfen. Und das ist dann eine wirklich lohnende Karriere. Das Europäische Parlament hat 750 Mitglieder. Wer zu den 27 Kommissionsmitgliedern gehört, hat ausgesorgt und kann auf Reisen, immer zum Wohl der europäischen Steuerzahler, die ganze Welt kennen lernen. Kommissionssprecher José Manuel Barroso musste für seine Reisen rund um den Erdball in einem Jahr 730.230 Euro ausgeben, um Europa zu repräsentieren. Insgesamt gaben 27 Kommissionsmitglieder für ihre Reisen 4 Millionen Euro aus. Die frühere Außenkommissarin Benita Ferrero-Waldner war daran mit 428.900 Euro beteiligt.

Die Einnahmen der Abgeordneten liegen im Spitzenbereich, aber auch um die niederen Beamten müssen wir uns keine Sorgen machen. Das niedrigste Gehalt liegt bei 5.100 € monatlich, netto versteht sich Dafür muss ein normaler Arbeitnehmer lange stricken. Die Abgeordneten im Europa-Parlament besitzen einen kostenlosen Rechtsanspruch auf kosmetische Behandlungen, Verschönerungen der weiblichen Brust und für das Potenzmittel Viagra. Diesem Club der Wohlhabenden gehört auch Cohn-Bendit an. Nun, der war ja mal als Revoluzzer auf Abwegen, bis er auf den rechten Weg gekommen ist. Allerdings ist der Lebensstandard in Brüssel relativ teuer und auch die Damen, bereit, den gestressten Herren eine Freude zu bereiten, verlangen für die Erfüllung individueller Bedürfnisse einen höheren Preis als in Berlin oder in Hamburg. In Brüssel bildet sich eine autoritäre Herrschaft aus, zumindest sieht es Václav Klaus so, Präsident Tschechiens: „Ich habe nicht vier Jahrzehnte unter Moskaus Herrschaft gelebt, um nun von einer kleinen Stadt namens Brüssel beherrscht zu werden."

Allein 2010 wurden nach Angaben des EU-Rechnungshofs bis zu 5,9 Mrd. Euro „falsch eingesetzt" oder deutlicher gesagt, schlicht verschwendet. So wurde für Elton John ein Konzert in Neapel zu Lasten der europäischen Steuerzahler mit 760.000 Euro gefördert.

Es wird zwar hin und wieder von einem Abbau von Bürokratien gesprochen, aber wer einmal in einer Behörde seinen Wirkungskreis gefunden hat und Nutznießer von Privilegien wurde, wird sich diese erhalten wollen und erfindet immer neue Betätigungsfelder, um seine Existenz zu rechtfertigen. Ein Beispiel von vielen ist das Antirauchergesetz mit seinen immer abstruseren EU-Richtlinien, denen sich die Bürger zu unterwerfen haben. Gewiss ist das Rauchen nicht gesund, aber Alkohol, Bewegungsmangel, falsche Ernährung können auch das

Wohlbefinden der Bürger beeinträchtigen. In Wahrheit nimmt die Politik den Bürger nicht mehr ernst, und der wird zum Spielball von Bürokraten, die zu wissen glauben, was für den Bürger gut ist oder nicht. Die Beamten der EU-Behörde dürften in Zukunft immer fündiger werden, um für ihre Existenzberechtigung die politischen Betätigungs-felder immer mehr auszuweiten. Am Ende könnten Haus- und Personenbücher stehen, worin jeder EU-Bürger ein tägliches Protokoll zu führen hat, in dem sich sein täglicher Alltag spiegelt. Der Phantasie der Bürokratien sind da keine Grenzen gesetzt.

Manche, die heute ein Studium mit einem Diplom für Politologie abschließen, auch in anderen marktwirtschaftlich nicht nachgefragten Disziplinen, sehnen sich nach einer Karriere beim Staat oder bei Insti-tutionen, die vom Staat unterhalten und finanziert werden. Der Nach-wuchs für Führungspositionen bei den Parteien und Gewerkschaften resultiert aus diesem akademischen Nachwuchs. Sich für das Wohl der Allgemeinheit einzusetzen, auch wenn das eigene Wohl Priorität besitzt, mag sicherlich für einige, insbesondere junge Leute zutreffen, ist aber nicht die Regel.

Sicher werden Menschen auch Mitglied einer Partei oder Gewerk-schaft, streben sie eine professionelle Karriere an, weil sie der Über-zeugung sind, so würden sie für den Staat und die Gesellschaft „Gutes" bewirken. Das mag sein, ist nach meinen Erfahrungen jedoch selten der Fall. Davon überzeugt, für das „Allgemeinwohl" zu wirken, ist auch der Politologe Sascha Vogt, Vorsitzender der Jungsozialisten, der eine Vermögensteuer einführen will, die Erbschaftssteuer erhöhen und den Spitzensteuersatz bei 51 Prozent sieht, also eine in seinen Augen gerechtere Welt durch Umverteilung erstrebt. Als Politologe kann er seinen Lebensunterhalt nur durch einen Einnahmezwang zu Lasten der Allgemeinheit bestreiten, aber in seinem Weltbild fehlt jede Vor-stellung, wie Einkommen entstehen, jedermann sich selbst ernährt, man sich mit Fragen der Freiheit der Produktion befasst, sich einer Geld-reform oder gar Geldfreiheit nähern kann.

Dass es auch sinnvoller sein könnte, wenn Erblasser oder Besser-verdienende ihr Geld nicht per Zwangsbesteuerung verlieren, sondern selbstbestimmt dafür Sorge tragen, mit ihrem Geld soziale, wissen-schaftliche, kulturelle Projekte zu finanzieren, entzieht sich völlig der

Vorstellungskraft der allermeisten Politiker. Hinzu kommt noch, höhere Einkommen resultieren in der Regel nicht aus Ausbeutung, sie entstehen durch individuelle Leistungen, die von den Fans oder Kunden honoriert werden. Manuela Schwesig, SPD-Vizevorsitzende, gehört zur jungen Generation der auf Karriere bedachten Politikerinnen und verdeutlicht in ihren politischen Forderungen, wie mit scheinbar schlüssigen aber tatsächlich die Bürger täuschenden Thesen. So propagiert diese Dame eine Bürgerversicherung, aber damit ist keineswegs gemeint, die SPD will den Bürgern eine leistungsstarke Krankenversicherung anbieten, was ja sehr zu begrüßen wäre. Nein, dieser Gedanke wäre der Neosozialistin völlig fremd. Sie will eine Bürgerversicherung als Zwangsversicherung für alle, ohne dabei zu bedenken, das dies die Beseitigung jeglicher Versicherungsfreiheit bedeutet und damit eine völlige Entmündigung der Bürger. Der Grünen Politiker Sven-Christian Kindler bläst in das gleiche Horn und fordert das „unsoziale Nebeneinander von privaten und gesetzlichen Krankenkassen" zu verbieten. Wettbewerb und freie Kassenwahl betrachtet er als „unsozial". Auch dieser Grüne wurde professioneller Politiker, weil er sich als „Gutmensch" sieht und etwas für das Wohl der Allgemeinheit leistet. Sozial, um dieses Wieselwort einmal zu gebrauchen, wären tatsächlich Krankenversicherungen mit einer eigenen Finanzhoheit, die ihre Leistungen anbieten und eigenständige Verträge mit den Ärzten, Krankenhäusern und der Pharmaindustrie im Interesse ihrer Versicherten abschließen. Freilich schließt das die Zielsetzung „jedem Genossen einen Posten" aus.

Mit den politischen Erfolgen der Parteien sieht es hinsichtlich des Wohls der Allgemeinheit ziemlich dürftig aus. Oppositionsparteien wissen immer, was Sache ist; regierende Parteien haben mit den Sachzwängen ihrer Vorgänger zu kämpfen und pflegen mit ihren Reformen zu scheitern. Doch selbst wenn nach Umfragen 70 bis 80 Prozent der Staatsbürger ihren Politikern keine Lösung der Probleme zutrauen, sind die Befragten mehrheitlich von der Notwendigkeit des Staates und dem Segen einer Regierung überzeugt. Dass die amtierende Regierung in den Medien meistens schlecht abschneidet und oppositionelle Parteien stets über die besseren Antworten verfügen, gehört zu einem einstudierten Ritual. Regierungen treffen politische Entscheidungen, verfügen und bestimmen über unsere Lebensbedingungen. Das macht sie so gefährlich. Die Parteien sind an einem starken Staat interessiert, weil ihnen dieser eine sichere materielle Existenz garantiert. Was der französische Ökonom Frédéric Bastiat 1848 so formulierte, stimmt heute noch: „Der Staat ist die große Fiktion, nach der sich jedermann bemüht, auf Kosten jedermanns zu leben." Die wichtigste Formel der Parteien heißt „zum Wohle der Allgemeinheit", und mit dieser in Wahrheit dubiosen Begründung lassen sie sich per Einnahmezwang vom Volk ernähren. Es ist an der Zeit, die Politik der Regierungen mit einer freiheitlichen Bewegung zu konfrontieren, den Politikern aller Couleur in ihrem Machtstreben Paroli zu bieten.

In den letzten Jahrzehnten hat sich wieder eine Erkenntnis von B. R. Tucker bestätigt: „Der Staat bewegt sich immer vom Guten zum Schlechten und vom Schlechten zum noch Schlimmeren." Wenn ich jetzt mehr als 50 Jahre zurückschaue und sagen sollte, welche Probleme die Parteien gelöst haben, kann ich keine konkrete Antwort geben, und es gibt sie wahrscheinlich auch nicht. Eines ist allerdings sicher: Hätte ich eine Parteikarriere, ein Mandat, angestrebt, würde es meinen Mitmenschen so gehen wie jetzt, nur meine eigene soziale Frage wäre entschieden besser gelöst, durch die entsprechenden Privilegien und eine prächtige Pension. Im Grunde müssten wir, vergegenwärtigen wir uns nur die Parteiprogramme der vergangenen Jahrzehnte, „mehr Demokratie wagen", „mehr Freiheit wagen", eigentlich in einem Paradies leben, und die frühere DDR wäre ein Schlaraffenland geworden. Für den Kommunismus erfüllte sich jedoch eine Weitsicht von Pierre Joseph Proudhon: „Der Kommunismus versteht nicht zu rechnen, nicht zu organisieren, nicht zu produzieren, er ist eine Philosophie des Elends." Und Bakunin fügte hinzu: „Kommunismus bedeutet Unfreiheit, Tyrannei."

Parteien lösen keine Probleme, sie sind inzwischen selbst ein Problem. Sie verdanken ihre Existenz nicht einmal eigener Überzeugungskraft, um sich allein über private Spenden zu finanzieren. Im Namen der Allgemeinheit nehmen sie für sich eine staatliche Parteienfinanzierung in Anspruch. So einfach macht man es sich!

In dieser und jener Form existieren immer noch autoritäre und inhumane Ideologien, und selbst junge Menschen vertreten zuweilen

Anschauungen, über die man nur den Kopf schütteln kann. Es war Josef Kirschner, der einmal meinte, Mündigkeit und selbstständiges Denken wird an keiner Universität gelehrt. So verwundert es nicht, wenn sich immer wieder bestätigt: Sobald vom Volk Leistungen, Abgaben und Steuern für das Allgemeinwohl verlangt werden, hat die Regierung vom Volk nichts zu befürchten. Thesen und Losungen der Parteien werden nicht kritisch hinterfragt oder gar analysiert. Warum ist so etwas möglich? Sollte man nicht von den Intellektuellen und unseren Wissenschaftlern erwarten können, sich mit diesen im Grunde ober-flächlichen Thesen kritischer auseinanderzusetzen? J. H. Mackay schrieb: „Weil er, der Staat, sooft man es zu erforschen versuchte, ein Schild vorhielt, ein Schild, auf dem das Wort stand: ‚Das Wohl der Allgemeinheit‘.“[18] Mit diesem Schild deckt er alle seine Vergehen und sogar Verbrechen. Menschen lassen sich leicht mit der These vom Allgemeinwohl täuschen und auch missbrauchen.

Politiker aller Couleur haften niemals für Fehler oder Kosten, die aus ihrer Tätigkeit in einer Regierung oder aus ihrer parlamentarischen Arbeit resultieren. Wie es auch immer mit den Parteien und Regie-rungen gelaufen ist, man habe doch, so Joschka Fischer, viel erreicht! Sicher, deutsche Soldaten wurden wieder in Marsch gesetzt, aber sozial wäre eine andere Entwicklung gewesen, nämlich mehr Raum für eine soziale, wirtschaftliche Selbstbestimmung.

In den fünfziger Jahren bestand in Deutschland noch die Hoffnung auf eine Entwicklung zu mehr Freiheit, mehr Eigenverantwortlichkeit. Zumindest Ludwig Erhard besaß Zielvorstellungen, von denen wir heute weit entfernt sind. Blinde Staatsgläubigkeit findet sich im deutschen Bewusstsein tief verankert. Folglich haben Parteien ein leichtes Spiel, ihre eigenen machtpolitischen Interessen zu verfolgen und die entmündigten Bürger als Steuerzahler zu missbrauchen. Es ist schließlich der Staat, der die Bürger aus ihrer eigenen Verantwortung entlässt, ihnen erfolgreich einredet, sämtliche Bürger besitzen ein Na-turrecht auf eine staatliche Versorgung. Trotzdem formiert sich Wider-stand. Es mag sein, dass sich Menschen weniger an den Bundestags-

---

[18] John Henry Mackay: Der Freiheitssucher, 1982, S. 193.

und Landtagswahlen beteiligen, vielleicht aus Trägheit. Sie wollen lieber an den Strand als an die Wahlurne. Aber wer das meint, macht es sich zu einfach. Wir leben in einer Demokratie, einer repräsentativen Demokratie, aber wir sind noch weit entfernt von einer freien und selbstbestimmten Gesellschaft.

Das Vertrauen der Bevölkerung in die „Regierenden" sinkt und die mittlerweile stärkste Partei ist die Partei der Nichtwähler. Staatlich orientierte Soziologen sehen Tendenzen dieser Art als negativ. Sie sprechen von einer Gefährdung der Demokratie. Aber es könnte sich auch um das Gegenteil handeln, nämlich um ein steigendes Selbstbewusstsein der Bürger, die ihr Schicksal nicht mehr von den Parteien und einer Regierung abhängig machen wollen. Es mag auch politisch desinteressierte Nichtwähler geben, doch ist das keineswegs die Regel. Es gibt vor allem mehr Nichtwähler, weil sich immer mehr Menschen nicht mehr mit den Zielen oder Versprechungen einer Partei identifizieren. Herrschaftsformen beruhen nicht auf Freiwilligkeit, finden nicht immer die Zustimmung der Bürger, aber als Schutzorgan besitzt der Staat stets eine große Akzeptanz. Als Zielmarkierung findet eine herrschaftslose Gesellschaft Beachtung, aber es fehlt ihr noch an Strategien für einen friedlichen und gewaltlosen Übergang in die Herrschaftslosigkeit. Es ist natürlich leichter, sich in den Protestbewegungen zu engagieren, sich darauf zu beschränken, den Politikern und den Parteien ihre Unfähigkeit vorzuwerfen, als etwa Forderungen an sich selbst zu stellen oder Einrichtungen zu schaffen, die den Staat obsolet machen. Es gibt Menschen, die sich nicht auf der Suche nach einem politischen Vormund befinden und durchaus imstande sind, ihre Interessen und Bedürfnisse eigenständig wahrzunehmen. Freilich, Profiteure und Nutznießer von Privilegien dürften das Feld nicht freiwillig räumen.

Ein Feuer erlischt nur, wenn es nicht mehr mit Brennstoff versorgt wird. Den Funktionären aller Couleur Betätigungsfelder entziehen, das könnte sich als nützlich erweisen.

Der Staat ist das Problem, nicht die Lösung

D ie Regierungen nutzen das Steuermonopol zur Finanzierung von Kriegen, davon profitiert die Rüstungsindustrie. Über ihre Verhältnisse leben die Politiker mit einer maßlosen Schuldenwirtschaft und einer verantwortungslosen Geldpolitik. Gegenwärtig steigen der Goldpreis und zugleich die Aktien der Rüstungsindustrien, wovon jene profitieren, die das von den Regierungen im Umlauf gebrachte billige Geld für ihre Spekulationen nutzen. Die Regierung zahlt z. B. jährlich nur für die deutsche Staatsverschuldung rund 42 Milliarden Euro Zinsen und dieses Kapital fließt an jene, die sich Geldanlagen leisten. Derweilen flieht Geld-Kapital aus Deutschland und zwar deshalb, weil andere Länder, wie z. B. Australien den Anlegern höhere Zinsen bieten. Dafür findet spekulativ das billigere Geld der Eurozone eine profitable Verwendung. Dass die steigende Liquidität das billige Geld um den Globus treibt und für steigende Rohstoffpreise sorgt, dass die überschuldeten Staaten im Eigeninteresse an einer Inflation ihrer Währungen interessiert sind, ist so sicher wie das Amen in der Kirche.

Als Frau Merkel und Herr Steinbrück in einem Beitrag der Tagesschau (2008) dem deutschen Volk versicherten, die Einlagen der Bürger seien sicher, bestand zu dieser Erklärung fraglos eine politische Notwendigkeit. Unter den Bürgern breitete sich bereits Angst aus, und sie liefen schon zu den Banken, um ihr Geld in Sicherheit zu bringen. Etliche Sparkassen und Banken mussten ihre letzten Bargeldreserven angreifen, um Auszahlungen vorzunehmen.

Verschwiegen wurde von Frau Merkel (CDU) und Herrn Steinbrück, (SPD), dass sich auf dem Finanzmarkt wertlose US-Hypothekenbriefe befanden, weil die US-Regierung unter George W. Bush die größten Hypothekenbanken der Vereinigten Staaten von Amerika, Freddy Mac und Fannie Mae, im Juli 2008 buchstäblich zwang, Hypothekenbriefe auch ohne Prüfung der Bonitäten an den Mann und an die Frau zu bringen. Hunderttausende hoffnungsvolle Hausbesitzer, nicht Eigentümer, fanden sich nach den

Zinssteigerungen der Zentralbank Fed in der Situation, die gewährten Kredite und Zinsen nicht mehr bezahlen zu können. Beteiligt am Kauf dieser wertlos gewordenen Papiere waren auch die staatlichen Landesbanken in Deutschland, die mit dem Geld der Steuerzahler vom Staat gerettet wurden. Schließlich waren die Verluste der staatlichen Banken dreimal höher als die der Privatbanken. Verantwortungslos verhielten sich auch Manager, deren Banken eine „systemrelevante" Größe besaßen, die ohne selbst haften zu müssen gewissenlos darauf spekulierten, gerettet zu werden, dreist darauf setzten, dass Vater Staat sie nicht hängen lassen würde.

Das ist Monopolkapitalismus der bloßen Willkür, dem Einhalt zu gebieten ist. Gewinne privatisieren, Verluste sozialisieren ist nicht zuletzt systembedingt. Stetig verschulden sich die Staaten und die zur Erhöhung der Verschuldung herausgegebenen Anleihen werden von den Notenbanken aufgekauft, wenn sich andere Käufer nicht finden. Einen nicht geringen Teil der Staatsschulden übernehmen Banken durch Kredite. Das ist ein Grund dafür, warum Banken gegenüber dem Staat Gläubiger sind und zur Bankenrettung auf den Staat Druck ausüben. Kredite sind aber ohne das Geld der Bankkunden nicht möglich, und diese Kunden wollen ihr Geld nicht verlieren.

Eigentlich hätten sich damals (2008) die Politiker, auch Frau Merkel und Herr Steinbrück, bei den Sparkassen, Volksbanken, Raiffeisenbanken und privaten Banken, die im Gegensatz zu den staatlichen Landesbanken keine US-Anleihen kauften, bedanken müssen. Sie haben das unterlassen, wahrscheinlich auch um eine Diskussion über die Ursachen der Finanzkrise zu vermeiden.

Markt funktioniert nicht ohne Haftung. Veranlasst wurde von diesen Politikern eine sogenannte Bankenregulierung, womit aber nur die Kosten für die Bankkunden erhöht werden. Mit einer Verhinderung der nächsten Finanzkrise hat die staatliche Bankenregulierung schlicht gar nichts zu tun. Der Vorsitzende der Sparkasse Stade-Altes Land brachte es auf den Punkt: „Über all die Jahre sind die Sparkassen der stabilisierende Faktor in der deutschen Wirtschaft gewesen. Nie ist eine Krise von den deutschen Sparkassen ausgegangen. Weder eine Finanzkrise noch eine Wirtschaftskrise. Gleichwohl treffen uns die regulativen

Vorschriften nach der Finanzmarktkrise mit voller Wucht. So, als seien wir die Verursacher dieser Krise gewesen..." Was den Vorsitzenden Kanzelmeyer besonders erboste, ist die damit verbundene Disqualifizierung der Bankangestellten. Sie wenden mehr Zeit für Protokolle auf als für ihre eigentliche Arbeit. Wenn private Banken von der Finanzkrise weniger betroffen waren, lag es an ihrer Kundennähe, an einem höheren Eigenkapital, an der eigenen Haftung, die mit mehr kaufmännischer Vorsicht verbunden ist. Damit Banken künftig Risiken vermeiden, wurde gesetzlich eine Bankenabgabe (Steuer) eingeführt, die von den Banken zu bezahlen ist, auch wenn sie nie an einer Finanzkrise beteiligt waren. Die Regierung und die Parteipolitiker verteufeln pauschal die Banken und verschweigen der Öffentlichkeit: Ohne die Staatsbanken und die mangelnde Aufsicht z.B. über die Pfandbriefbank HRE wäre der deutsche Finanzsektor von den Machenschaften der Wall Street nicht betroffen, und deutsche Steuerzahler brauchten nicht für Verluste einspringen. So schreibt Deutschlands größte Landesbank LBBW weiter rote Zahlen, und, wie pikant, hohe Abschreibungen auf hoch verschuldete Staatsanleihen sind die Hauptursache.

Prof. Ekkehard Wenger, Universität Würzburg, sieht die Rolle des Staates bei der Bankenaufsicht kritisch: „Wenn man sich die Geschichte der letzten Kapitalmarktkrisen anschaut, muss man leider immer wieder feststellen, dass die zuständigen Aufsichtsbehörden nicht nur versagt, sondern sich als nutzlos und überflüssig erwiesen haben."[19] Nach seiner Ansicht werden Banken erst durch die Aufsicht anfällig. Vor hundert Jahre gab es Banken, die ohne Aufsicht existierten, sich aber in ihrem Eigeninteresse als zuverlässig und sicher erwiesen. Genau das war bei den staatlichen Landesbanken oder staatlich beaufsichtigten Bank nicht der Fall, obwohl in den Aufsichtsräten hochkarätige Politiker und Gewerkschaftler saßen.

So genannte Geldschwemmen werden ermöglicht durch das staatliche Emissionsmonopol verbunden mit dem Zwangskurs und dem Annahmezwang. Verliert das staatliche Papiergeld an Wert, verstärken

---

[19] Professor Ekkehard Wenger: tageschau.de Wirtschaft, Interview zur Bankenkrise, 02.04.2008.

sich die Anlagen bei den Edelmetallen. Dass einem Marktversagen immer ein Staatsversagen vorausgeht, wird öffentlich geflissentlich verschwiegen. Die Eurokrise resultiert aus den Staatsverschuldungen darunter Länder wie Griechenland, Portugal, Spanien und Italien. Es handelt sich um Mitglieder der Europäischen Union, die – wie Deutschland selbst –längst gegen sogenannte Stabilitätskriterien verstoßen haben. Frank Schäffler tritt für eine Alternative gegen das bestehende staatliche Geldsystem ein und fordert ein Marktgeld oder Privatgeld, also konkurrierende Währungen. So soll gutes Geld schlechtes Geld verdrängen. Für ihn führt ein künstlich gesenkter Zins zu einer nicht mehr vertretbaren Kredit- und Geldmengenausweitung. Und niedrige Zinsen ermöglichen eine hohe Staatsverschuldung. Hier stimmt er mit B. R. Tucker überein: Staatliches Monopolgeld lässt sich mit einer freiheitlichen Wirtschafts- und Gesellschaftsordnung nicht vereinbaren. Für Free Banking plädierten auch Friedrich von Hayek, Ludwig von Mises und in den USA Murray Newton Rothbard sowie heute der Kongressabgeordnete Ron Paul. Hinsichtlich der Deckung bestehen unterschiedliche Meinungen. So verwies der Buchautor und Publizist Dietrich Eckardt darauf, Gold kann inflationieren, die sicherste Deckung liege immer in der angebotenen oder geleisteten Arbeitskraft. Diesem Gedanken folgt auch Urjo Rey in seiner Schrift „Geld- Anarchie", in der er sich auch mit der Geldreform von Silvio Gesell auseinandersetzt. Gesell nannte seine Geldreform „Freigeld" und nach seiner Auffassung sollte dieses Geld mit einer Gebühr belastet werden, um es im Umlauf zu halten. Eine Indexwährung sollte eine stets notwendige Geldmengenversorgung garantieren. Entsprechend dem Index wird die Geldmenge erhöht oder reduziert. Herausgabe und Verwaltung des Freigeldes sollte einheitlich geschehen und einem Währungsamt übergeben werden. Von dieser Forderung ist Gesell später abgerückt. Er näherte sich in seinem Buch „Abgebauter Staat" einer Free-Banking-Lösung. Er wollte sein Buch „Die Natürliche Wirtschaftsordnung" noch überarbeiten, kam aber nicht mehr dazu.

Notenbanken zeigten für Freigeld kein Interesse, da im staatlichen Geldwesen machtpolitische Interessen dominieren. Die Freiwirte besannen sich nicht auf eine eigene Experimentierfreiheit und vermie-den auch jede Konfrontierung mit den jeweils Herrschenden. Der anarchistische Gesell fand keine Erwähnung mehr. Anhänger einer Deckung durch Edelmetall verweisen auf die Hamburger Mark Banco. Die Mark Banco stand von 1619 bis 1871 für die Zuverlässigkeit und Ehrbarkeit des Hamburger Kaufmanns. Eine Mark Banco entsprach exakt 8,66 Gramm Silber, womit man eine stabile Recheneinheit hatte. Es gab kein Kreditgeld, das nicht 100 Prozent durch Silber gedeckt war. Mit Otto von Bismarck wurde das Ende der klassischen Ära der deutschen Banken eingeleitet. Mit der Gründung des deutschen Reiches und der staatlich verordneten Währungsmonopolisierung wurde die Hamburger Bank 1875 geschlossen und in eine Filiale der Reichsbank umgewandelt. Wird das Kredit- und Geldsystem privatisiert, Geld also zu einem Phänomen des freien Marktes, unterliegt auch der Zins einem Marktmechanismus.

Offiziell sind die Notenbanken unabhängig. Die Realität sieht anders aus. Da spielt die Politik mit und mischt sich ein. Als der amerikanische Präsident Richard Nixon im August 1971 die Goldbindung aufhob, begründete er seine Maßnahme mit der These, er wolle Spekulationen gegen die USA unterbinden. Das war schlicht gelogen. In Wahrheit befand sich die USA durch die Kriege in Vietnam und Korea in finanziellen Schwierigkeiten. Nixon setzte auf eine reine Papierwährung, mit der sich beliebig Geld schöpfen ließ. Namhafte Ökonomen sind der Meinung, Nixon habe mit der Aufhebung der Goldbindung den Grundstein für die Finanzkrisen gelegt, die bis heute andauern. Hinsichtlich der Schuldenkrisen, auch da klagen Politiker gewisse Spekulanten an, dürfte evident sein, dass sie von den Regierungen verursacht werden.

In den vergangenen Jahrzehnten stiegen die Schuldenquoten im Verhältnis zur Wirtschaftsleistung in allen Staaten rasant – mit der Ausnahme Norwegen, so in Deutschland von 18 auf 80 Prozent und in den USA verdoppelte sie sich von 50 auf 100 Prozent. Japan brachte es sogar fertig, die Schuldenquote von 20 auf 200 Prozent zu erhöhen. Von der Mehrzahl der Mitgliedsstaaten der europäischen Währungsunion wurden die Stabilitätskriterien nicht eingehalten. Hier öffnete zuerst Deutschland die Schleusen, unter Kanzler Gerhard Schröder und der rot-grünen Regierung. Niemand wird noch behaupten können, Regierungen und Politiker besitzen einen Sinn für Verantwortung. Die

Möglichkeit, in seinen Ämtern nicht für sein Handeln einstehen zu müssen, sich hinter der Formel „Allgemeinwohl" zu verstecken, ist in der Demokratie zweifellos gegeben. Das ist ein massives Problem.

Es geht auch anders. Dafür ist die WIR Bank (Wirtschaftsring Schweiz) ein gutes Beispiel. WIR-Guthaben werden auch heute nicht verzinst, aber die Mitglieder der Bank erhalten günstiges Geld für Investitionen. Allerdings muss die Bonität stimmen, was bei einer Kreditvergabe 2009 in Höhe von 876 Millionen Franken offenbar der Fall ist. Nur Kredite für die Produktion von Maschinengewehren durfte die Bank nicht vergeben. Ein Grund, warum Regierungen so sehr an Staatsbanken oder an Banken mit staatlicher Aufsicht interessiert sind. Ein Zinsverbot lässt sich kaum durchsetzen, wäre auch nicht sinnvoll, aber wenn der Zins zum Marktpreis wird, verliert er seinen Schrecken und auch seine schädliche Wirkung. Preise für konkurrierende Währungen sind auch kein Problem. Auf den Fährschiffen von England nach Irland kann beispielsweise man frei wählen, ob man britisches Geld oder den Euro verwendet.

Es gibt eine weit verbreitete antikapitalistische Mentalität, die dazu führt, wirtschaftliche Krisen wie Massenarbeitslosigkeit grundsätzlich als ein Versagen der freien Marktwirtschaft zu deuten und somit ursächlich für alle Übel pauschal den Kapitalismus verantwortlich zu machen. In einer derartigen Sichtweise steht das staatliche Geldsystem außerhalb jeder Kritik. Dass die staatlichen Zentralbanken das Monopol für die Geldproduktion besitzen und sich bei ihnen auch die Ursache für wirtschaftliche Krisen finden, wird fälschlicherweise der Marktwirtschaft zugeschrieben. Dass ein staatliches Monopolgeld mit einer freiheitlichen Wirtschafts- und Gesellschaftsordnung unvereinbar ist, diese Kenntnis ist noch nicht weit verbreitet. Die Zentralbanken sind verantwortlich für eine künstliche Nachfrage nach dem Staatspapiergeld. Und dieses Geld muss von denen, die es brauchen, angenommen werden. Es steht unter Annahmezwang.

Mit weiteren Regulierungen im Finanzmarkt glaubt die Regierung Bankkunden in Sicherheit zu wiegen. Eine Transaktionssteuer, befürwortet von allen Parteien, ist lediglich eine weitere Mehrwertsteuer und dürfte dem Staat mehr Geld bringen, nur damit wird nichts reguliert.

Zur Marktwirtschaft gehört nicht nur der Markteintritt, auch der Markt- austritt. Wenn heute eine Firma Insolvenz anmeldet, sie ihre Zusagen für Betriebsrenten nicht mehr einhalten kann, gibt es einen Fonds in Köln und damit bleiben die Betriebsrenten für die vom Konkurs ihrer Firma betroffenen Mitarbeiter gesichert. Es sollte auch eine Forderung an die Banken sein, sich bei einem gemeinsam finanzierten Fonds gegen Zahlungsausfälle abzusichern und nicht die Steuerzahler in Anspruch zu nehmen. Stattdessen gibt es für den Finanzmarkt einen sogenannten „staatlichen Rettungsschirm" und für diesen haften die Steuerzahler, insbesondere die deutschen. So wird nicht nur von der Politik der eigenverantwortliche Marktaustritt schlicht unterlaufen, Banken privatisieren auch noch ihre Gewinne, sozialisieren ihre Ver- luste und belasten bei einer Insolvenz die Steuerzahler.

Bei allen Steuern handelt es sich immer um das Geld der Bürger. Wir haben in Deutschland die höchste Staatsverschuldung aller Zeiten und das ist nun wahrlich kein Indiz dafür, dass die Regierungen mit dem Geld der Bürger verantwortlich umgingen. Es ist zweifelhaft, ob die EZB längerfristig eine Inflation verhindert, lässt sich doch der gigantische Schuldenberg der EU-Staaten nur durch eine Inflation abbauen. Der Staat ist unproduktiv, er kann nur geben, was er vorher genommen hat. Wird bei der Staatsverschuldung auf die immensen Kosten der Wiedervereinigung verwiesen, wozu auch eine Über- bewertung der sozialistischen Blechwährung gehörte, wird schlicht verdrängt: Die Staatsverschuldung besaß schon in den Jahrzehnten zuvor ein atemberaubendes Tempo. Was die marode DDR anbelangt, bleibt die Frage offen, warum wurde die SED/(PDS)/„Die Linke" nicht als Verursacher des „wirtschaftlichen Bankrotts" an den Sanierungskos- ten beteiligt? Beispiele für das Verschuldungstempo in der BRD lassen sich beliebig anführen. Immer verstand sich die SPD als Reformpartei. Im Jahr 1974 kommentierte DER SPIEGEL (Nr. 51, 16. Dezember 1974): „Trotzdem müssen sich Bund, Länder und Gemeinden 1975 mit über 50 Milliarden Mark neu verschulden. Doch wegen der Zins- und Tilgungslasten kann ein solcher Berg nur einmal aufgebaut werden. Im Wahljahr 1976, darüber sind sich alle Experten einig, muss der Staat seine gesetzlichen Leistungen zurückdrehen oder aber die Steuern kräftig anheben…"

Der amtierende Kanzler Helmut Schmidt ließ sich vom Gewerkschaftsführer Klunker schlicht erpressen. Aus Sicht von Schmidt war die überhöhte tarifliche Forderung für den „Öffentlichen Dienst" von über 10 Prozent nicht vertretbar, ließ sich aber über Schulden finanzieren. Wer dachte wohl in den folgenden Jahren an Tilgung der Schulden? Niemand!

Doch der SPIEGEL monierte: „Selbst jenen Politikern, die das Anwachsen staatlicher Personalkosten als gewolltes Ergebnis der Reformpolitik und als Ausdruck berechtigter Bürger-Erwartungen ansehen, wird die Tendenz langsam unheimlich. Furcht breitet sich aus, die öffentlichen Hände könnten eines Tages bei sinkender Qualität ihrer Dienste nur noch um ihrer selbst willen da sein..." Die Formulierung „berechtigte Bürger-Erwartungen" macht einen Bewusstseinsstand deutlich, den die Menschen hierzulande auch noch heute besitzen und daher auch ihre Erwartungen auf die Politik richten. Sie fragen sich stets, was wird der Staat für uns tun, niemals: Was tut der Staat uns an, und was können wir selbst für uns tun?

In einem Interview in der erwähnten SPIEGEL-Ausgabe beklagte Gustav Heinemann, 1974 amtierender Bundespräsident, eine Entwicklung des Staates zum Selbstbedienungsladen derer, die drin sind. Inzwischen ist die Staatsverschuldung der BRD nicht mehr rückzahlbar. Die Staatsverschuldung ist das Hauptproblem, nicht die Finanzkrise – die auch aus staatlichen Interventionen unverantwortlicher Regierungen in den Markt resultiert. Immerhin muss die BRD mehr als 42 Milliarden Euro für den „Kapitaldienst" aufbringen. Die Zinslast für Deutschland wächst beständig, aber die anderen EU-Staaten sind auch hoch verschuldet, Griechenland und Spanien sogar wesentlich höher. Folglich besitzen die Regierungen ein elementares Interesse an weiter steigenden Steuereinnahmen. Im Bewusstsein der Bevölkerung findet sich immer noch der Glaube, mehr Steuern dienen dem Allgemeinwohl. Das ist der Grund dafür, warum sich die Mehrwertsteuer und die Mineralölsteuer ziemlich protestlos erhöhen lassen.

Für die Finanzkrise, die es ohne staatliche Interventionen gar nicht gäbe, braucht die Politik Sündenböcke, und so wird eine pauschale und undifferenzierte Propaganda gegen die Banken betrieben, um diese als die Alleinschuldigen an den Pranger zu stellen. Dass die Notenbanken ein staatliches Monopol besitzen, sie für die Geldmenge am Markt verantwortlich sind, auch für die Geldschwemme in den USA, wird geflissentlich vertuscht, und anstatt sich mit den Ursachen eines nicht funktionierenden Finanzmarktes zu befassen, wird eine Finanzmarktregulierung propagiert, woraus sich nur schließen lässt, die Akteure dieser Propaganda verstehen weder etwas vom Geld- noch vom Finanzwesen und legen es nur darauf an, ihre Bürger zu täuschen. Es lässt sich auch nicht ausschließen, dass die Regierungen Maßnahmen beschließen, um über eine Geldentwertung ihre Schulden zu tilgen. Sicher ist nur noch, die Staatsverschuldung europäischer Staaten und der USA hat eine derart astronomische Höhe erreicht, dass von einer Rückzahlung nicht mehr die Rede sein kann. Es bleibt den Regierungen als Ausweg eine inflationäre Entwicklung oder am Ende eine Währungsreform wie 1948 in Deutschland. Damals wurden die Geldguthaben 1:10 abgewertet!

Von der Finanzkrise waren die privaten Banken, Sparkassen, Raiffeisenbanken, Volksbanken, Genossenschaftsbanken weniger betroffen als die Banken mit staatlicher Aufsicht oder die staatseigenen Banken. Während der Finanzkrise machten die staatlichen Banken dreimal so viel Schulden wie private Banken. Dafür gibt es einen einfachen Grund. Banken ohne politische Aufsicht sind mehr auf ihre eigene Sicherheit bedacht, und dazu gehört in erster Linie eine höhere Eigenkapitalquote. Diese lag, um nur ein Beispiel zu nennen, bei der Berenberg Bank in Hamburg bei 13,2 Prozent. Um einen Vergleich zu haben, bei den größten amerikanischen Hypothekenbanken fiel die Eigenkapitalquote unter ein Prozent. Staatliche Landesbanken konnten beim Ankauf „fauler Papiere" risikofreudiger sein, weil ihre Vorstände im Gegensatz zu den privaten Banken nicht mit ihrem Vermögen haften, sich im Falle der Insolvenz stets auf den Steuerzahler verlassen haben. Die Hypo Real Estate wird für den Steuerzahler zu einem Fass ohne Boden.

Eigentlich ist der Steuerzahler, wie schon erwähnt, nicht für Insolvenzen zuständig, aber das ist in Deutschland und in den EU-Staaten anders, weil der Staat sein eigenes Versagen ausblendet und er sich in erster Linie bei den Bankenpleiten selbst rettet. Wenn sich die Finanzminister treffen, handelt es sich auch immer um ein Meeting der Brandstifter, die beraten, wie sie den nächsten Brand löschen. Die Staatsverschuldung in den EU Staaten lässt sich längerfristig nur über Inflation abbauen. Dem Bürger und dem Steuerzahler stehen keine guten Zeiten bevor. Die Zwangsbesteuerung wird völlig unkritisch hingenommen, nicht nur das: Wer seine Steuern nicht brav zahlt, ist nach der öffentlichen Meinung kriminell und gehört ins Gefängnis. Wenn ich auf die Idee käme, zu Lasten meines Nachbarn, dem es finanziell besser geht als mir, ungefragt Schulden zu machen, die er dann auch noch für mich begleichen soll, würde man mich glatt für verrückt halten. Die Regierung macht nichts anderes. Sie betrachtet die „Staatsbürger" als ihr Eigentum, belastet diese gegen ihren Willen und ohne ihre Einwilligung mit beliebig hohen Schulden. Als Zwangsvereinigung beruht die Existenz des Staates auf Einnahmezwang. Ein Straßenräuber, der einem Bürger die Scheckkarte klaut, ist dabei noch ein ehrlicherer Gauner als der Staat. Er gibt nämlich nicht vor, er raube für das Wohl der Allgemeinheit. Der Philosoph Sloterdijk bemerkte dazu: „Wir haben uns in fiskalischen Dingen so sehr an die Abgabenkultur angepasst, die alte autoritäre – wie semi – sozialistische, dass über Alternativen nicht einmal mehr nachgedacht wird. Weder bei den Begründungen noch bei den Prozeduren."

In den letzten Jahrzehnten ist das Steueraufkommen permanent gestiegen und hier haben wir das erstaunliche Phänomen, dem Volk wird erfolgreich suggeriert, je mehr Steuern dem Staat zufließen, desto besser für das Wohl der Allgemeinheit. Obwohl die Mehrwertsteuer die Haupteinnahmequelle des Staates ist, wird die Jagd auf „Steuersünder" mit allen Mitteln betrieben. Dazu gehört auch eine Hetze in den Medien, um mögliche Steuerhinterzieher als kriminelle Elemente zu diffamieren. Weil es in der Schweiz noch mehr Respekt vor der Würde des Bürgers gibt, die Bankkonten den Staat nichts angehen, drohte der Finanzminister Peer Steinbrück (SPD) mit militärischen Maßnahmen, wollte deutsche Kavallerie in die Schweiz einreiten lassen, wenn sich die dortigen Banken nicht vom Bankgeheimnis trennen. Für die Schweizer Bürger gehört der Staat den Bürgern, und die Bürger gehören nicht dem Staat. Daher war und ist für sie auch das Bankgeheimnis

Ausdruck der Selbstverteidigung, soll sie vor einer staatlichen Anmaßung schützen und dem Bürger das Vertrauen vermitteln, mein Konto ist auch wirklich mein Konto. Ein Staat, der seine möglichen Steuersünder polizeilich verfolgt, traut seinen Bürgern nicht und verdient nicht das Vertrauen der Bürger. Schäuble und Steinbrück ignorieren zudem, dass Bürger ein Konto in der Schweiz besitzen, weil sie kein Vertrauen mehr in den Euro haben.

In Deutschland wird besonders der Mittelstand mit Steuern und Abgaben belastet, weshalb sich mancher Facharbeiter fragt: Wozu zahle ich eigentlich Steuern? Da sollte doch der Staat für Katastrophen über genügend Mittel verfügen.

Es gibt Besserverdienende, die eine Reichensteuer befürworten, wenn es Steuererhöhungen gibt, aber viel sinnvoller und effizienter wäre ein anderer Umgang des Staates mit dem Geld der Bürger. Zwangsbesteuerung ist die Basis einer jeden politischen Macht. Ohne diese lassen sich kein Krieg, keine Rüstung, keine Subvention, keine Privilegien der Regierenden finanzieren. Der Staat wird per Einnahmezwang finanziert, nicht durch freiwillige Zahlungen und Aufwendungen seiner Zwangsmitglieder für wettbewerbsfähige öffentliche Leistungen. Auch die EU in Brüssel fordert von den europäischen Bürgern Steuern und das bei einer schrumpfenden Bevölkerung in Europa. Aber aufgeblähte Staatsapparate kosten Geld, immer mehr Geld.

Zwangsbesteuerung wird von den Durchschnittsbürgern als Normalität im „Namen der Allgemeinheit" verstanden. Solidargemeinschaften sind per Zwang zu verordnen, so die Meinung der Regierenden. Dass sie in erster Linie selbst davon profitieren, auch um machtpolitische Zielsetzungen zu finanzieren, wird von ihnen geflissentlich verschwiegen.

Das Verhältnis der Politiker zum Geld der Bürger ist gestört, sie halten es für ihr Eigentum. Der Sozialdemokrat Willy Brandt formulierte das so: „Nicht die Einnahmen bestimmen die Ausgaben, sondern die Ausgaben bestimmen die notwendigen Einnahmen." Es ist unumstritten, Willy Brandt erwarb sich mit seiner Ostpolitik Verdienste, er verstand viel vom Rotwein, aber mit einer Gewinn- und

Verlustrechnung war er nicht vertraut. Einnahmen müssen erst erwirtschaftet werden, das ist besonders den Sozialisten aller Couleur, auch den Sozialdemokraten ziemlich fremd, vielmehr sind ihnen die Gewinne, also Profite, suspekt. Winston Churchill urteilte: „Nach Meinung der Sozialisten ist es ein Laster, Gewinne zu erzielen. Ich bin hingegen der Meinung, dass es ein Laster ist, Verluste zu machen."

Auf Staatsverschuldung und Verluste verstehen sich die Politiker aller Parteien. Den Politikern fallen Wahlversprechungen in jeder Beliebigkeit leicht, da sie nicht ihr eigenes Geld ausgeben. Es gab in Deutschland einmal Konsumgenossenschaften, eine Bank für Gemein- wirtschaft, die Versicherung „Volksfürsorge", die Wohnungs- gesellschaft „Neue Heimat", Büchergilde, Ferienheime der IG-Metall, alles im Eigentum der Gewerkschaften. Aber die Kollegen und Genossen verstanden sich nicht darauf, zu wirtschaften, sondern mehr auf rote Zahlen. So waren die Arbeitnehmer nicht am Erfolg beteiligt, sondern am Niedergang der gemeinwirtschaftlichen Unternehmungen. Die Gemeinwirtschaft wurde von der historischen Expansion des Marktes überrollt. Viele Genossen waren des Genossen Tod. Ohne unternehmerischen Erfolg gibt es keinen Wohlstand für alle. Aber werden Unternehmen immer höher belastet, sinkt auch die Produk- tivität. Höhere Grundsteuern bedeuten höhere Mieten und wenn Sach- wertvermögen immer mehr belastet wird, können die Eigentümer diese Kosten nur aus ihren Einkommen und Renten finanzieren. Die Mehr- wertsteuer ist die Haupteinnahmequelle des Staates, und diese wurde in den letzten Jahrzehnten in der BRD permanent erhöht, zuletzt von 16 auf 19 Prozent, nur was hat sich damit für die Bürger verändert? Freibeträge wurden gekürzt, der Fiskus ist bei Kapitalerträgen mit 25 Prozent beteiligt. Grenzenlose Gier des Staates. Möchten in Deutschland junge Familien Wohneigentum erwerben, auch als Alters- sicherung, sorgt der Staat dafür, dass es für die meisten ein unerfüll- barer Traum bleibt. Bei einem Erwerb von Wohneigentum im Wert von 300.000 Euro steigen die Nebenkosten (Courtage, Notargebühren, Grundbucheintragungen, Grunderwerbsteuern) auf 41.700 Euro. Aber nicht nur die Erhöhung der Grunderwerbsteuern auf 5 Prozent (Brandenburg, Schleswig-Holstein) auch die steigenden Hebesätze für die Grundsteuern, in einigen Bundesländern um 30 Prozent, erschweren und verteuern den Erwerb von Wohnungseigentum. Im Jahre 2009 bestritten die Grundeigentümer mit einem Anteil von 10,9 Milliarden Euro 15,9 Prozent der kommunalen Steuereinnahmen. Das sind alles Maßnahmen, die gerade ärmere Schichten daran hindern, Eigentum zu erwerben, um das Dasein im Alter zu erleichtern. Die Nebenkosten für den Kauf einer Immobilie liegen in Schweden, England, um die Hälfte niedriger. Auch ein Grund, warum die Wohneigentumsquote hierzulande nur bei 43 Prozent liegt.

Für weitere Steuererhöhungen ist auch der Sozialdemokrat Sigmar Gabriel, der Leistung verstärkt unter Strafe stellen möchte. Die Gehälter von Führungskräften überschreiten je nach Qualifikation das jährliche Bruttoeinkommen von 100.000 Euro, und dieses Einkommen der Gutverdienenden will Herr Gabriel mit 49 Prozent besteuern. Dass Leistungsträger Deutschland schon heute verlassen, sich immer mehr die Überzeugung durchsetzt, wir gründen eine Familie in Neuseeland oder in Kanada, entzieht sich der Vorstellung eines Sozialdemokraten. In jedem Jahr melden sich immer weniger Jungärzte bei den Ärztekammern an, wobei zu vermuten ist, sie suchen ihr Glück und beruflichen Anfang in anderen Ländern. Bei Erbschaften ist davon auszugehen, dass die Erben das Ererbte sinnvoller zu nutzen wissen als der Staat, der sich an ihrem Eigentum vergreift. Politiker sind davon überzeugt, Gutes zu tun, ignorieren aber dabei, dass sie den Menschen die Mittel und die Möglichkeiten nehmen, für sich selbst Gutes zu tun. Dass soziale Wohltaten abhängig sind von einer effizienten Volkswirtschaft, gerade den Leistungsträgern, fehlt im Bewusstsein der staatlichen Parteien, nach deren Wahlprogrammen wir eigentlich seit Jahrzehnten in einem Paradies leben müssten. Parteien und Gewerkschaften richten ihre Forderungen stets an andere, an die Allgemeinheit, an die Wirtschaft, nie an sich selbst. Warum gründen sie keine Institutionen für gegenseitige Hilfe, um den Menschen zu helfen, die sich selbst nicht helfen können?

Es ist an der Zeit, dass die Steueruntertanen verstärkt die Frage stellen, wofür und für welche Zwecke sie Steuern zahlen. Es ist nämlich sehr zweifelhaft, ob der Staat irgendwelche Probleme effizienter löst, wenn er mit immer mehr Steuern gefüttert wird. Das Gegenteil ist der

Fall. Auf den Prüfstand gehört der Umgang mit dem Geld der Bürger, nur davon ist auffallenderweise nie die Rede. Das dürfte vorerst auch sehr schwierig sein, sind doch die Bürger überwiegend davon überzeugt, die Steuerlasten seien noch nicht hoch genug. Besonders die Reichen, die Vermögenden, die Gutverdienenden müssten mehr zur Kasse gebeten werden, damit es den Armen endlich besser geht.

Sie unterliegen einem Trugschluss. Wenn in Deutschland z. B. die staatlichen Subventionen mit fast 164 Milliarden Euro einen neuen Rekord erreichten, besteht nicht die geringste Hoffnung, es könnte hier einen Abbau von staatlichen Subventionen geben. Im Gegenteil, die Regierung wird getrieben von der irrigen Vorstellung, „Gutes" zu tun und sorgt damit für einen weiteren Anstieg. Dafür gibt es handfeste Gründe. Den Politikern fallen Wahlversprechungen in jeder Höhe leicht, weil sie nicht ihr Geld ausgeben, sondern das Geld der Bürger und weil sie sich einen für sie risikolosen Umgang mit dem Geld der Bürger erlauben können. Und den Bürgern wurde und wird erfolgreich suggeriert, der Staat kann mit dem Geld der Bürger besser umgehen als sie selbst, was zwar nicht stimmt, doch sind viele Bürger inzwischen von ihrer eigenen Unfähigkeit überzeugt.

Wie irrational sich die Bürger bereits verhalten, ist daran zu erkennen, „unsere" Landesbanken mit ihren hochkarätigen politischen Aufsichtsgremien verschwendeten das Geld der Steuerzahler. Da gibt es aber Bürger, die Naivität schlägt Purzelbäume, welche eine Verstaatlichung auch der nichtstaatlichen Banken fordern.

Wann und wo heute auch immer demonstriert wird, es geht stets um Forderungen an den Staat und wenn für diesen die sozialen Wohltaten unbezahlbar sind, konservative oder sozialistische Regierungen Sparmaßnahmen ankündigen, werden sie mit Hass, Frust und Wut konfrontiert. Weder die Gewerkschaften noch die Parteien kommen auf die Idee, geschweige auf alternative Vorschläge, sich ihrer eigenen Verantwortung bewusst zu werden und Forderungen an sich selbst zu stellen.

In seinem Essay „Britanniens brutale Fratze" beklagte Theodore Dalrymple, dass die britische Intelligenz, staatlich unterstützt, an die Herrschaft des Rechts glaubt, die öffentlichen Ausgaben des Staates und die Macht des Staates zu mehren, sobald aber nur der Versuch unternommen wird, diesen Prozess umzukehren, halte sie jeden Widerstand für gerechtfertigt. Offenbar auch dann, wenn sie wissen, Demonstrationen und offener Aufruhr ändern nichts an der Realität des bankrotten Staates. „Wie der Zeitpfeil, scheint's, können sich Staatsmacht, Staatsausgaben und Staatsdiener, nur in einer Richtung verändern, andernfalls wird gewaltsam demonstriert. Ein friedlicher Steuerstreik jener, die mit höheren Staatsausgaben nicht einverstanden sind, wäre hingegen in ihren Augen eine Missachtung rechtsstaatlicher Prinzipien und einen längeren Gefängnisaufenthalt wert." (Die literarische Welt, 4. Dez. 2010).

Es wird heute schon als Normalität betrachtet, dass der Staat arbeitende Bürger, sparende Bürger und ihre Investitionen unter Strafe stellt, um so für eine soziale Umverteilung zu sorgen. Es sei daran erinnert, dass auf 10 Prozent der Steuerpflichtigen mit den höchsten Einkommen über 50 Prozent des Einkommensseuer-Aufkommens entfallen. Und der Staat verbraucht 164 Milliarden Euro allein für Subventionen, der Bund zahlt 15 Prozent des Budgets allein für die Zinsen seiner Staatsschulden.

Die Regierungen befinden sich mit ihrer Staatsverschuldung in einer Sackgasse. Regierungen, die nicht wirtschaften können, suchen sich mit einer Wirtschaftsregierung zu retten. Vielleicht sollten die Regierenden pausieren, für einige Zeit das Wirken für das Allgemeinwohl Josef Ackermann überlassen, der sich auf das Lesen von Bilanzen versteht. Euro-Bonds sind der Weg in eine Transferunion. Geberländer werden zwangsläufig von den Nehmerländern ungeniert ausgenutzt. Das ist schon der Fall beim sogenannten Länderfinanzausgleich. Nehmerländer bleiben Nehmerländer. Sozialisten könnten sich für Staatsanleihen begeistern! Starke Länder helfen schwachen Ländern, wobei schlicht übersehen wird, dass schwachen Ländern nur geholfen werden kann, wenn sie auf die eigenen Beine kommen. Und genau das wird verhindert, wenn man sie an Subventionen gewöhnt. Es wird die Produktivität von Wirtschaften geschwächt, denen man höhere Zinsen und Steuern abverlangt. Abraham Lincoln brachte es auf den Punkt:

„Ihr werdet die Schwachen nicht stärken, indem Ihr die Starken schwächt. Ihr könnt den Menschen nie auf Dauer helfen, wenn Ihr für sie tut, was sie selber für sich tun sollten und könnten."

Je mächtiger ein Staat, eine Regierung ist, desto stärker ist auch der Friede zwischen den Völkern gefährdet, und desto mehr müssen sich die Bürger auch vor einem Überwachungsstaat fürchten. Viel wird heute über den Datenschutz geredet, auch werden die Praktiken bestimmter Konzerne zu Recht angeprangert. Aber in den öffentlichen Medien wird leider der „gläserne Staatsbürger", der längst Realität ist, akzeptiert.

Freiheit – eine Chance für die Solidarität

Solidarität mit denen, die noch im Dunkeln sind, nicht mit jenen im Lichte, war und bleibt immer ein Grundanliegen von Freiheitsfreunden, und sie sind davon überzeugt, Menschen werden sich die gegenseitige Hilfe im Sinne von Kropotkin leisten. Es gibt überdies Belege dafür: Menschen helfen Menschen in Not, spenden für jene, die Hilfe benötigen. Dazu gehört nicht einmal eine aufwendige Bürokratie. Das Wort Solidarität ist ein beliebtes Wort und noch mehr die Überzeugung, Solidarität muss per Gesetz verordnet werden, damit Menschen, die arm sind, nicht verhungern, nicht erfrieren, weil sie sich selbst nicht helfen können. Dass Institutionen erforderlich sind, an die sich Menschen in Not wenden, wo sie Hilfe finden, dürfte unbestreitbar sein. Es gab sie auch immer, auch unabhängig vom Sozialstaat, der sich als Wohlfahrtsstaat versteht. Dass Menschen bereit sind, Menschen zu helfen, die unverschuldet in Not geraten sind, lässt sich an vielen Beispielen belegen. Alleinstehende Frauen besitzen heute, neben den Langzeitarbeitslosen, das größte Armutsrisiko. Von der Allgemeinheit oder der Gesellschaft wurde dieses Risiko nicht geschaffen, Ursachen liegen im Zerfall der klassischen Familie. Jeder Mensch ist auch für sich und sein Handeln verantwortlich, auch gegenüber seinen Kindern. Hier macht es der Sozialstaat den Müttern und Vätern zu leicht, sich ihrer Verantwortung zu entziehen. Hilfe denen, denen Hilfe gebührt – dieses Prinzip wird hier verletzt.

Eine von Otto von Bismarck eingeführte Sozialgesetzgebung wird als Meilenstein in der Sozialgeschichte gefeiert, aber abgesehen davon, dass nur die Invaliden und Alten zunächst einen kleinen Nutzen besaßen, gehörte diese Sozialgesetzgebung zur Strategie der Herrschenden. Man wollte die Bindung der Arbeiterklasse an den Staat, und man wollte allen Bestrebungen zuvorkommen, die die bestehende Monarchie gefährdeten. Nur so und auch mit der Unterstützung der Sozialdemokratie unter August Bebel war eine deutsche Aufrüstung und Militarisierung möglich. Kaiser Wilhelm konnte sich brüsten: Ich kenne keine Klassen mehr, sondern nur noch Deutsche. Die Absichten von Otto von Bismarck waren nicht so edel, wie es uns immer vermittelt wird: „Mein Gedanke war, die arbeitenden Massen zu gewinnen oder soll ich sagen zu bestechen, den Staat als soziale Einrichtung anzusehen, die ihretwegen besteht und für ihr Wohl sorgen möchte."

Um die Jahrhundertwende 1890 bis 1914 bildeten sich Arbeitervereine, Genossenschaften, Hilfsvereine, deren Aufgabe auch darin bestand, sich um Menschen in Not und im Alter tatkräftig zu kümmern. Dass sich bürgerliche Institutionen, auch die Kirche, der Nächstenliebe verpflichtet fühlten, versteht sich am Rande. In Hamburg z.B. blieben die Krameramtsstuben erhalten. Hier wurden seit 1676 die Witwen der Zunft versorgt.

Es gab für mich wichtige Gründe, mich nicht für die Interessen einer Partei vereinnahmen zu lassen. Das wurde und wird nicht immer verstanden. Man kann sich für den ADAC eine andere und nicht hierarchische Struktur wünschen, wie sie auch möglich und denkbar wäre, aber der ADAC hat über 17 Millionen freiwillige Mitglieder. Diese Mitglieder nehmen eine Solidargemeinschaft in Anspruch. Wir selbst waren zweimal auf einen „gelben Engel" angewiesen und waren über eine geleistete Hilfe froh. Auch eine Auslandskrankenversicherung mussten wir in Anspruch nehmen, und die Kosten wurden umgehend unbürokratisch erstattet. Die Mitglieder beim ADAC kommen aus allen Schichten der Bevölkerung, und ihnen werden Leistungen geboten, wie es bei anderen freiwilligen Vereinigungen auch der Fall ist. Und daher kann niemand behaupten, nur betuchte Leute könnten sich beim ADAC eine Mitgliedschaft leisten. Man könnte einwenden, dem ADAC seien niedrige Beiträge für oftmals beträchtliche Leistungen nur möglich, weil viele Mitglieder keine Leistungen in Anspruch nehmen. Das ist bei anderen Versicherungen genauso der Fall. Eine Spende für „Ärzte ohne Grenzen" ist auch eine freiwillige Entscheidung, und Mitglieder wie Spender gehen davon aus, sie helfen Menschen in Not. Gustav Landauer, der auf Bünde der Freiwilligkeit setzte, hätte solche Entwicklungen sicher sorgfältig beobachtet, um daraus Schlüsse für Genossenschaften zu ziehen, in denen sich Menschen für gemeinsame Ziele und für ein gemeinsames Anliegen eigenverantwortlich vereinigen. In Deutschland konnten die

Gewerkschaften viele Ziele erreichen, dank auch der industriellen Entwicklung: kürzere Arbeitszeiten, lange Urlaubszeiten. Warum definieren sie sich nicht als soziale Vereinigungen, praktizieren selbst das, was sie immer nur vom Staat fordern?

Man traut Menschen zu, dass sie entsprechend ihren Bedürfnissen ein Auto kaufen, eine Haftpflichtversicherung abschließen, hält sie aber zugleich für unfähig, sich selbst für eine leistungsfähige Krankenversicherung oder Rentenversicherung zu entscheiden.

Für die Mehrheit der Bevölkerung bedeutet die gesetzliche Rentenversicherung Sicherheit im Alter, aber eine wirkliche Sicherheit könnte nur eine zweckgebundene Versicherung bieten und genau das ist die staatliche Rentenversicherung nicht. Die Rentner verdanken ihre Rente dem Staat. Das wird geglaubt, es stimmt aber nicht. Vorgesehen und auch propagiert wird die Rentenversicherung als ein Selbstverwaltungsorgan der Arbeitgeber und Arbeitnehmer, aber das ist nicht der Fall. Die Rentenversicherung ist eine staatliche Institution des öffentlichen Rechts, und die Politik kann daher über das Vermögen dieser „Kasse" nach Gutsherrenart verfügen. Versicherungsfremde Leistungen wurden hin und wieder kritisiert, aber es wurden zig Milliarden den Rentnern sozusagen geklaut, und wenn jetzt der Bund Zuschüsse an die Rentenversicherung zahlt, handelt es sich in Wahrheit um Rückzahlungen geliehenen Geldes.

Dass die Rücklagen der Rentenversicherungsträger im Ersten und im Zweiten Weltkrieg auch für die Kriegskasse Verwendung fanden, sei nur am Rande vermerkt. Arbeitgeber und Arbeitnehmer, auch die Gewerkschaften, könnten sich auf eine selbst verwaltete Rentenversicherung verständigen, nur dann unter der Voraussetzung, das eingezahlte und verwaltete Vermögen gehört den Versicherten, nicht der Politik. Missbraucht wurde die Rentenversicherung auch von den Arbeitgebern, dieses auch noch in einer Kooperation mit der Bundesregierung und den Gewerkschaften, weil man der Wirtschaft die gesetzliche Möglichkeit bot, Arbeitnehmer vorzeitig in den Ruhestand zu schicken. Nicht nur Arbeitnehmer, auch Arbeitgeber nutzen die „Allgemeinheit" aus, wenn der Staat ihnen die Möglichkeit bietet.

Die staatliche Rentenversicherung sieht sich wegen des demografischen Wandels und der Langlebigkeit ihrer Mitglieder in der Bredouille. Spielwiese der Politik, der Politiker und Gewerkschaftler, die ihre Wähler und Mitglieder mobilisieren, gegen Kürzungen der Renten sowie gegen eine längere Lebensarbeitszeit zu protestieren. Darüber, dass auch die Rentenkasse mit Beiträgen ihrer Mitglieder nicht gerade optimal wirtschaftete, schweigt des Sängers Höflichkeit.

Für Arbeitnehmer, wenn sie eine bestimmte Verdienstgrenze überschreiten, besteht die Möglichkeit der privaten Krankenversicherung, aber das ist auch eine Diskriminierung aller Arbeitnehmer, denen man auf Grund niedriger Verdienste eine selbständige Entscheidung nicht zutraut.

Pflichtversichert sind rund 90 Prozent der Bevölkerung und das ist auch der Grund dafür, warum sich ein leistungsfähiger Markt für private oder auch genossenschaftliche Versicherungen nicht entwickeln kann. Das wird schlicht durch den Staat verhindert. Nicht nur durch der Staat, auch die Gewerkschaften und die Parteien fürchten nichts mehr als den mündigen Bürger. Daher auch der neu propagierte Zwangskollektivismus der SPD: Bürgerversicherung! Diese gehört auch zum Programm der Grünen: Sämtliche Bürger werden „zwangsversichert", und zur Finanzierung sind alle Einkommen, Mieterträge, Ersparnisse mit Abgaben zu belasten. Private Versicherungen sind gesetzlich zu verbieten, und jede Alternative einer freiwilligen Solidarität ist zu ächten, zu verhindern. Eine Art von Sklavenbewusstsein. Man kann auch sagen, Sozialfaschismus pur!

Auf dem Weg zur Firma überholte mich einmal ein Kollege, und als ich ihn fragte, warum er es so eilig hat, erklärte er mir, er müsse seinen Arbeitsbeginn stempeln. Da ich das nicht musste, meinte er, das müsste für alle gelten! Ich reagierte lächelnd, warum für alle nicht! Die Sehnsucht nach der Peitsche steckt tief im deutschen Volke, sonst wäre Stalingrad nicht möglich gewesen, auch nicht die immer teurere staatliche Krankenversicherung. Es wird argumentiert, junge Menschen, Menschen, die es für sich nicht als notwendig erachten, würden keine Krankenversicherung abschließen, daher sei ein Versicherungszwang notwendig. Das lässt sich nicht bestreiten, aber wenn es auch die Freiheit für ein eigenes Risiko geben sollte, böte sich als Alternative an, wie bei der Autohaftpflichtversicherung: Jeder belegt, dass er sich entsprechend seiner Wahl versichert.

Die gesetzlichen Krankenkassen vertreten ihre eigenen Interessen, nicht die ihrer anvertrauten und zahlenden Mitglieder. Bedingt durch die mitgliederfeindliche Unterstützung der gesetzlichen Krankenkassen musste es zu einem Finanzdesaster im Gesundheitswesen kommen. Die Patienten sind keine Kunden, sie sind für die Ärzte abzuwickelnde Fälle im Dreiminutentakt. Es gibt Ausnahmen, auch bei etwas mehr Wettbewerb und Qualität bei den Krankenhäusern. Aber im staatlichen Gesundheitswesen steigen die Kosten, sinken die Leistungen. Mir war das Glück der privatärztlichen Behandlung vergönnt und der mich behandelnde Arzt betonte mehrfach, er wolle kein Kassenarzt sein, um mehr Zeit für die Patienten zu haben und nicht an der Bürokratie, woran auch die Ärztekammern beteiligt sind, zu ersticken. Je unfreier das Gesundheitswesen wird, desto unfreier und unmündiger sind auch die Patienten. Eine Finnin erklärte mir einmal, warum wir das kostenlose Gesundheitssystem in Finnland nicht bestaunen sollten: Keine freie Arztwahl, lange Wartezeiten, Patienten sterben vor einer notwendigen Operation. Hingegen ist die finnische Ministerpräsidentin Mari Kiviniemi davon überzeugt, sie besäßen in Finnland ein auf Konsens und Ausgleich gerichtetes System. Mag es aus ihrer Sicht sein, aber sie äußerte auch, sie müsse sich nicht um irgendeine Privatschule kümmern und dafür hohe Gebühren zahlen. Der Gedanke, man könne ja auch Bürgern ihr Geld lassen, sie in die Lage versetzen, selbst über Mittel zu verfügen, um sich gute Schulen zu leisten, ist ihr offensichtlich völlig fremd.

Die steuerlichen Aufwendungen für das staatliche Schulwesen sind ja nicht unbekannt, und da wäre auch eine Rückzahlung an die Eltern denkbar, etwa in Form von Bildungsgutscheinen, dann könnten sich Eltern für eine Schule und Universität ihrer Wahl entscheiden.

Dass Unabhängigkeit vom staatlichen Zwang im Schulwesen, auch im Gesundheitswesen, optimaler sein könnte, diese Vorstellung wird verdrängt. Oft wird auf das kostenlose Gesundheitswesen in England verwiesen, aber besonders die Briten haben Angst vor einem Aufenthalt in einem Krankenhaus. Jede dritte britische Krankenschwester würde ihre Großeltern nicht in ein Krankenhaus bringen. Das englische staatliche Gesundheitssystem NHS bietet lange Wartezeiten und schlechte technische Ausrüstung. In einem Drittel der Hospitäler sorgen Pflegekräfte nicht mehr dafür, dass insbesondere ältere Patienten genug zu essen haben. Jährlich verlassen 180.000 Patienten das Krankenhaus unterernährt. Solidarität und wirkliche Hilfe lässt sich nicht staatlich verordnen, sondern es sind die Voraussetzungen zu schaffen, damit Patienten im Umgang mit den Ärzten, bei einem Aufenthalt in einer Klinik, als mündige Bürger, als Kunden, behandelt und geheilt werden.

Freiheit wäre ein sicherer Weg zur Solidarität. So sind Menschen, besonders wenn sie von Naturkatastrophen betroffen sind, froh und glücklich über freiwillige Spenden, geleistet von Bürgern in der ganzen Welt, die eine Überweisung ohne staatlichen Vormund vornehmen.

Reiche Amerikaner, darunter Bill Gates, Warren Buffett, David Rockefeller jr., Barren Hilton u.a. haben beschlossen, die Hälfte ihres Vermögens für soziale Zwecke zu spenden, dieses aber unternehmerisch, denn sie wollen wissen was mit ihrem Geld passiert. Das ist auch vernünftig, auch wenn hier die Melodie „Tue Gutes und rede darüber" eine Rolle spielt. Bevor man Milliarden aufhäuft, wäre es vielleicht auch sinnvoll und fair gewesen, Mitarbeiter in den Unternehmen am Erfolg zu beteiligen. Ohne sie und freilich ohne staatlich-monopolistische Privilegien gäbe es diesen Reichtum nicht! Nur lässt sich auch nicht bestreiten, Arbeitnehmer verdanken unternehmerischer Initiative ihre überwiegend auch gut bezahlten Arbeitsplätze.

Nun sind aber Neidideologien weit verbreitet und dazu muss gesagt werden, Reichtum einzelner Menschen, der Lebensstandard vieler Menschen, beruht in der Regel auf individuelle Leistungen. Rennfahrer, Fußballspieler, Künstler, Unternehmer, verdanken ihr Einkommen ihren Fans, ihren Kunden, kurz: ihrer eigenen Leistungen. Sozialistische Staaten können sich rühmen, keine Millionäre zu haben, nur änderte das nichts an der Armut der Bevölkerung. Auf Kuba und in Nordkorea kann man davon ein Lied singen! Davon, dass es in Deutschland Millionäre gibt, profitiert auch die Wirtschaft und damit breite Schichten der Bevölkerung. Der Journalist Christian Rickens schrieb ein Buch über Deutschlands Millionäre und kam zu dem Fazit: „Die meisten Reichen arbeiten hart und von den rund 800.000 Millionären in Deutschland ist sich der Großteil seiner sozialen Verantwortung bewusst. Die überwiegende Mehrheit akzeptiert, dass ein besonderes Vermögen auch dazu verpflichtet, etwas für das Gemeinwohl zu tun..." Nur, was das Gemeinwohl ist, wollen sie schon selbst bestimmen und nicht von den Politikern entscheiden lassen. Schließlich wüssten sie aus ihren eigenen Unternehmungen, was für die Leute gut und richtig ist. Christian Rickens würde schon gerne mit diesen Millionären tauschen, aber ohne Verantwortung für unternehmerische Entscheidungen. Dass etwa Reiche in Amerika für wohltätige Projekte spenden, ist keineswegs ungewöhnlich, es entspricht einer angelsächsischen Tradition. Dafür gibt es eine breite Basis, ein in Deutschland lebender Ingenieur, der einmal in den USA studierte, spendet auch noch im Alter für seine Universität. Pro Kopf ist das Spendenaufkommen in Deutschland geringer, aber auch deutsche Normalverdiener und Wohlhabende spenden oder gründen Stiftungen, um ihr Vermögen dem Allgemeinwohl zur Verfügung zu stellen. Den SAP-Gründer Dietmar Hopp machte es glücklich, die Hälfte seines Vermögens zu stiften, wobei es bei allen Spenden wenig sinnvoll ist, sein Geld dem Staat zu stiften. Da würde das Geld in den Bürokratien versickern oder es würde nicht den Segen stiften, den sich die Spender vorstellen.

Es könnte Erblasser geben, die schon zu ihren Lebzeiten bestimmen möchten, was mit ihrem Erbe geschieht, oft besitzen sie sehr konkrete Vorstellungen, wen sie damit beglücken wollen, aber hier sieht sich der Staat als der Glückliche, und nach seiner Formel „Wohl der Allgemeinheit" verfügt er über das Erbe und führt das gestohlene Geld Zwecken zu, dienlich seinen machtpolitischen Zielen, bis hin zur immer fragwürdigen Haushaltskonsolidierung. Freiheitsfreunde haben hier ein Problem. Das Gespenst des Kollektivismus ist sehr wirkungsvoll und wer Leistungen vom Staat erhält, wird von diesem zwar abhängig, aber diese Abhängigkeit wird als Normalität akzeptiert. Menschen gewöhnen sich daran und finden nichts mehr dabei, wenn sie sich ihren Lebensunterhalt nicht mehr selbst verdienen. Eigentlich sollte eine „öffentliche Fürsorge" existentielle Not abwenden. Aber der

Umverteilungsstaat fühlt sich berufen, immer mehr Ansprüche zu erfüllen und stößt dabei an Grenzen. Bezahlbar ist das angebotene Wohlstandsniveau schon lange nicht mehr. Doch das wird geflissentlich verschwiegen.

Die Praxis lehrt, Solidarität, gegenseitige Hilfe gibt es auch ohne Regierungen. Es gibt heute schon zahlreiche gemeinnützige Institutionen und diese bieten, wenn wir von negativen Tendenzen einer nicht immer effizienten Verwaltung einmal absehen, wirksame Hilfe für Menschen in Not, und die Mittel stehen weitgehend den von Not, Armut, Krankheit betroffenen Menschen zur Verfügung.

Why can´t you see?
We just want to be free
To have our homes and families
And live our lives as we pleases

Warum kannst Du's nicht verstehen?
Wir wollen frei durchs Leben gehen.
Mit unserem Heim und unseren Familien
Und ohne Leute, die uns behindern.

Dana Rohrbacher, libertärer Sänger der Westküste USA

Freedom, now! Freiheit jetzt!

Probleme der Freiheitsfreunde

Es wird gesagt, und es ist auch so: Die Mehrheit der Bevölkerung besitze wenig Vertrauen zu den Politikern, sie traue ihnen die Lösung von Problemen nicht mehr zu. Das ändert aber noch nichts an der grundsätzlichen Akzeptanz des Staates, die kulturell und historisch über Jahrhunderte gewachsen ist. Menschen setzen auf eine ihnen angenehm erscheinende Sicherheit, sie vertrauen nicht auf Freiheit. Man könnte mit Lincoln einwenden, wer die Sicherheit der Freiheit vorzieht, verdient beides nicht, weder Sicherheit noch Freiheit. Allerdings müssen wir die Menschen nehmen, wie sie sind. Und wer der Freiheit misstraut, der soll es eben tun, nur hat er auch für die Konsequenzen einzustehen.

Wir können zahlreiche kluge Denker der Freiheit anführen, unter ihnen Dichter, Philosophen, Ökonomen. Sie alle sind und waren wertvoll für die Aufklärung. Zugleich waren sie der Meinung, man sollte den Menschen akzeptable Alternativen anbieten und sie dafür gewinnen.

Die Gegner der Freiheit besitzen einen Vorteil, sie organisieren sich in ihren Parteien und profitieren von staatlichen Privilegien und staatlicher Macht. Dazu gehört auch die lukrative staatliche Parteienfinanzierung, sowohl bei Bundestags- als auch bei Landtagswahlen. Und die Politiker aller Parteien besitzen noch einen weiteren und unschätzbaren Vorteil: Wir haben in Deutschland eine staatsfixierte Bevölkerung. Die Abhängigkeit von der Zustimmung der Masse ist eine für die Freiheit gefährliche Schwäche der Demokratie. Daraus resultiert für die Freiheitsfreunde die Herausforderung, sich gegen antifreiheitliche Maßnahmen zu wehren, die den Segen einer parlamentarischen Mehrheit besitzen. In autonomen Gesellschaften, Gemeinden und Genossenschaften können Mehrheitsentscheidungen sinnvoll sein. Aber sie beruhen auf einer freiwilligen direkten Zustimmung der jeweiligen Mitglieder oder Genossen. Keine Sorge! Freiheitsfreunde wollen den Anhängern des Staates, auch des Sozialstaates, ihren Staat nicht wegnehmen. Allerdings sollen die Staatsbürger selbst für ihren Staat einstehen und eine von ihnen gewünschte Regierung auf eigene Kosten und eigenes Risiko finanzieren. Heute werden die Parteien von der Allgemeinheit bezahlt und damit auch all jenen, die nicht Parteimitglieder oder Parteifreunde sind. Stattdessen sollte jede Partei nur von ihren Mitgliedern und Spenden finanziert werden.

Parteien und offizielle Gewerkschaften sind Monopolisten und werden sich daher strikt gegen alle wenden, die ihr Monopol antasten oder in Frage stellen. Auch die Arbeitgeberverbände möchten den jetzigen Zustand bewahren, der ihr Monopol sichert und ihnen ermöglicht, sich auf einen ihnen genehmen Verhandlungspartner konzentrieren zu können, darunter Verdi, IG-Metall und ähnliche Gruppierungen. Obwohl auch kleinere Betriebe unter einem Flächentarifvertrag leiden, ist es den Unternehmern doch überwiegend lieber, ihre Arbeitnehmer im festen Griff eines Monopolisten zu wissen.

Das widerspricht sogar dem Grundgesetz, nämlich dem Recht auf Vereinigungsfreiheit. So urteilte auch das Bundessozialgericht. Gleichwohl ermöglicht es in der Praxis, dass sich Arbeitnehmer in ihren Professionen organisieren und eigene kleine Organisationen gründen oder gar eigene Gewerkschaften, um ihre Interessen unmittelbar vor Ort und im Betrieb unabhängig von den Funktionären der Monopolisten zu vertreten. Die FAU (Freie Arbeiter Union) Berlin gewann einen Berufungsprozess gegen das Verbot, sich Gewerkschaft zu nennen. Damit setzte sich die FAU gegen die Gewerkschaft Verdi als mächtigen Monopolisten durch.

Das Recht auf Vereinigungsfreiheit impliziert auch das Recht auf Vertragsfreiheit. Warum sollen kleine Vereinigungen, auch unabhängige Gewerkschaften, nicht die Berechtigung besitzen, im Namen und zu Gunsten ihrer Mitglieder Verträge und Vereinbarungen mit den jeweiligen Arbeitgebern abschließen zu dürfen? Vertragsfreiheit ist die Voraussetzung für Verträge auf Gegenseitigkeit.

Die Bildung von autonomen Vereinigungen könnte für eine freie Gesellschaft hilfreich sein. Wichtiger ist allerdings die Erkenntnis, dass sich freiheitliches Denken trainieren lässt. Mit einem derartigen Training lassen sich wertvolle praktische Auswirkungen erzielen. Unsere staatsbürgerliche Erziehung und Bildung zielt noch darauf ab, dass wir als Menschen und Bürger unfähig sind, unsere Interessen und Bedürfnisse selbst zu vertreten. Dafür sind die Politik, die staatstragenden Parteien und die vom Volk im Abstand von vier Jahren gewählte Regierung zuständig. Somit ist es schwierig, Menschen für eine freie Gesellschaft und für mehr Selbstbestimmung zu gewinnen. Weil dem so ist, sollte deutlicher gemacht werden, dass Freiheitsfreunde den Anhängern des Staates und den Parteien nichts wegnehmen wollen. Wir bestehen lediglich darauf, in Ruhe gelassen zu werden.

Libertäre nehmen für sich das Recht in Anspruch, Vereinigungen und Gesellschaften zu gründen, wozu autonome Rechts-Sozialgemeinschaften gehören – Pananarchismus genannt. Dazu gehören die Souveränität des Einzelnen, ein Austrittrecht und die exterritoriale Autonomie für jede Rechtsgemeinschaft von Freiwilligen.

Libertäre bestehen auf freiheitlichen Alternativen, sie beanspruchen für sich Experimentierfreiheit, aber sie verlangen und erwarten nicht von den Protagonisten staatlicher Parteienherrschaft, sich ihren freiheitlichen Alternativen anzuschließen. Vielmehr verdeutlichen sie in aller Schärfe, dass es ein Akt der Aggressivität ist, eine Missachtung Andersdenkender, wenn man ihnen das Recht auf exterritoriale Vereinigungen und Gesellschaften verwehrt. Wer von der Notwendigkeit einer Regierung überzeugt ist und sich dieser unterwirft, dem billigen Freiheitsfreunde das Recht auf Unterwerfung mit allen Konsequenzen zu. Allerdings müssen sich die Unterwerfenden selbst finanzieren und sie dürfen nicht andere Menschen zwingen, ihren Regeln zu folgen und Mittel zur Finanzierung abzugeben.

Protagonisten des Staates glauben, der Staat würde zur Mehrung des privaten Reichtums beitragen. Tatsächlich verdanken wir unseren Lebensstandard, unseren Wohlstand dem privaten Sektor mit seinen produktiven Leistungen. Der Staat ist unproduktiv und ineffizient, er bleibt auf die Produktivität seiner Bürger angewiesen ohne die er nicht existieren kann.

Libertäre vertrauen auf sich selbst, auf ihre geistige Selbstständigkeit, ihren Intellekt; sie fordern ein Recht auf Freiheit und die Autonomie des Individuums.

Staatsbürger sind mehrheitlich von der Notwendigkeit des Staates und einer zentralen Regierung überzeugt; sie leben mit der Sehnsucht, „gut" regiert zu werden, sie glauben unkritisch, dass der Staat ihnen Freiheit und Sicherheit bieten würde.

Freiheitliche Bestrebungen lösen Ängste aus. Als Freiheitsfreunde müssen wir die Angst der Bürger vor der Freiheit ernst nehmen. Für uns Freiheitsfreunde ist Freiheit der bessere, sozialere und auch der sichere Weg zu einem selbstbestimmten, friedlichen, sinnvollen und glücklichen Leben. In Europa besitzen am ehesten noch die Schweizer eine positive Beziehung zur Freiheit: „In der Schweiz gilt: Freiheit ist die größtmögliche Abwesenheit von staatlichem Zwang." (Roger Köppel)

Im Sinne von Max Stirner ist das Leben für Freiheitsfreunde zu kurz, um es für fixe Ideen, kriminelle Vereinigungen oder inhumane Ideologien zu opfern.

Immer wieder entschieden sich Menschen auch freiwillig für die Unfreiheit und sterben sogar für eine Diktatur. Eine Mitgliedschaft in der deutschen Waffen-SS war anfangs freiwillig. In den Weltkriegen meldeten sich jungen Menschen, darunter auch Intellektuelle, freiwillig für den Dienst für Volk und Vaterland.

Innerhalb einer freiwilligen Vereinigung, etwa einer Genossenschaft, würden Freiheitsfreunde bei Entscheidungen des Vorstandes oder einer Geschäftsleitung auch das Mehrheitsprinzip anerkennen, aber nur aus einem Grund: weil Mitglieder jederzeit ihr Recht auf einen Austritt aus einer frei gewählten Vereinigung erklären und von ihm Gebrauch machen können.

Für Freiheitsfreunde geht es um fundamentale Unterschiede zwischen einer freien und einer unfreien Gesellschaft, einer monopolisierten und einer nicht monopolisierten Wirtschaft. Sie geben deutlich zu verstehen, wohin sie wollen und wo sie nicht hin wollen. Die Grenze verläuft dabei nicht zwischen Linken und Rechten, sie verläuft zwischen den Freien und den Unfreien.

Der Staat benutzt heute wie im Feudalismus seine Bürger als sein Eigentum und verlangt von ihnen, selbstverständlich im Namen des Wohls der Allgemeinheit, einen permanenten Tribut in Form von Steuern und Abgaben. Dafür leistet der Staat, zumindest behauptet er es, öffentliche Dienste, die von den Bürgern in Anspruch genommen werden. Freiheitsfreunde verzichten auf die Inanspruchnahme eines aufgezwungenen öffentlichen Dienstes. Dennoch werden sie gezwungen, öffentliche Aufgaben zu finanzieren, die sie nicht nutzen.

Beispielhaft lassen sich viele Dienste anführen, hier sei etwa das Bundespräsidialamt genannt. Freiheitsfreunde können auf das Wirken von einem Bundespräsidenten verzichten. Aber – so heißt es –

Deutschland braucht doch einen Repräsentanten, ein Staatoberhaupt, um uns Orientierung zu bieten und wichtige Dokumente zu unterschreiben. Das nehmen wir alles zur Kenntnis. Und wir erwarten von den Staatsbürgern, die dieser Überzeugung sind, dass sie mit ihrem Geld allein die Kosten für das hohe Amt bestreiten. Eine Sehnsucht nach Kontinuität könnte der Grund sein, warum in Europa repräsentative Monarchien immer noch eine Faszination besitzen und vom Steuerzahler alimentiert werden.

Der Staat ist eine unproduktive Institution und kann nur geben, was er genommen hat. In Wahrheit muss er sich zunächst selbst finanzieren und das geschieht, Beispiele wurden schon genannt, auf sehr großzügige Weise.

Im Erziehungswesen sind die politischen Parteien entsprechend ihren Ideologien permanent bestrebt, ihre Vorstellungen durchzusetzen, sobald sie über die politische Macht verfügen. In Hamburg gab es einen erfolgreichen Volksentscheid gegen eine Schulreform der Grünen und der CDU. Die Mehrheit der Eltern wollte die Primarschule nicht. Vor allem lehnten sie es ab, dass Eltern kein Wahlrecht mehr besitzen sollten. Die libertäre Antwort passt zu diesem Wunsch: Bildungsfreiheit! Die Schule geht nur die Eltern und die Lehrer etwas an, nicht die Politik und schon gar nicht die parteipolitischen Ideologen.

Hamburger Eltern konnten mit ihrem Volksentscheid eine Schulreform des Senats stoppen. Diesen Erfolg konnten sie mit einer gezielten Aufklärung der Öffentlichkeit erreichen. Die etablierten Parteien, besonders die Schulsenatorin Christa Goetsch, zeigten sich überrascht, waren sie doch davon überzeugt, die Bevölkerung müsste ihnen für ihre gut gemeinte Schulreform sehr dankbar sein. Aber damit war es wohl nichts! Man kann verschiedener Meinung sein, ob Kinder bis zur sechsten Klasse eine Klasse gemeinsam besuchen sollen oder nicht. Auch Pädagogen streiten darüber. Dass bei der Schulreform künftig jedoch nur noch die Lehrer über den Schulweg der Kinder entscheiden sollten, brachte das Fass zum Überlaufen. Eltern wollten sich nicht entmündigen lassen. Das ist gut so! Es sei daran erinnert, dass bis zum Ende der Weimarer Republik in Deutschland eine Bildungspflicht bestand, keine Schulpflicht, auch Heimunterricht war möglich. Das

Gesetz, das Heimunterricht gegenwärtig in Deutschland untersagt, stammt aus dem Dritten Reich.

Ob Volksentscheide einer freiheitlichen Entwicklung immer dienlich sind, das lässt sich bezweifeln. Ermöglichen sie eine Stärkung der allgemeinen Freiheit, sichern sie Vertragsfreiheit und Vertragsrechte, dann finden sie den Beifall und die Sympathie der Freiheitsfreunde. Unterstützen werden Freiheitsfreunde jedoch keine Bürgerbegehren und keinen Volksentscheid mit antifreiheitlichen, antihumanen, rassistischen oder höchst unvernünftigen Tendenzen. Freiheitsfreunde sind Lebensfreunde. In diesem Sinne verurteilte ich auch das Attentat des Norwegers Anders Behring Breivik, der sich im Wahn einer wirren Ideologie berechtigt sah, Menschen zu töten. In DIE WELT erschien von mir am 29.07.2011 diese Stellungnahme:

„Mich hat der Kommentar von Frau Seibel tief berührt. Dafür, dass ich zu den Überlebenden des Zweiten Weltkriegs gehöre, muss ich dem Schicksal immer dankbar sein. Ehrfurcht vor dem Leben wurde meine Maxime, und ich kann nachvollziehen, wie den Eltern und Grosseltern zumute ist, die ihre Kinder und Enkelkinder durch diese Wahnsinnstat verloren. Wir können Taten dieser Art nicht verhindern, aber vielleicht können wir doch noch stärker in den Schulen vermitteln, dass die Ziele keiner Weltanschauung, Ideologie oder Religion das Töten von Menschen oder auch die Gewalt gegen Sachen rechtfertigen. Kein politisches Ziel rechtfertigt unwürdige Mittel. Eine offene Gesellschaft ist eine Gesellschaft von Menschen, die mit unterschiedlichen Anschauungen ständig lernen müssen, miteinander zu reden und zu leben. Dazu gehört aber auch: Es kann keine Toleranz für Gewalt gegen Menschen und Sachen geben. Noch wachsamer werden, das ist eine Anforderung an uns alle...“

Freiheitsfreunde treten konsequent für Aufklärung, Bildung und für Bildungsfreiheit ein. In der Schulfrage brauchen Freiheitsfreunde keinen Volksentscheid, sondern das Recht auf Alternativen. Eltern sollen sich für eine Schule ihrer Wahl entscheiden können, und sie sollen sich für eine Lernform nicht ohne Einvernehmen mit ihren Kindern entscheiden.

Freiheitsfreunde sind daran interessiert und setzen sich dafür ein, die Macht der Regierungen zu schwächen. Ziel ist es, den Staat letztlich überflüssig zu machen, weil es ideal wäre, wenn es keine Institutionen mehr gäbe, deren Existenz auf Gewalt und Abgabenzwang beruht. Aggressive, asoziale und damit kriminelle Vereinigungen lehnen Freiheitsfreunde ab. Daher können sie auch nicht Mitglied einer Regierung sein. Freiheitsfreunde besitzen allerdings unterschiedliche Ansichten. Unter ihnen sind auch Konservative. Dennoch besteht ein Konsens darüber, dass sie Vereine, Genossenschaften, Versicherungsgesellschaften, Verbände und freie Gewerkschaften unterstützen und fördern, deren Existenz nicht auf Abgabenzwang beruht, sondern auf freiwilligen Beiträgen und freiwilligen Leistungen ihrer Mitglieder.

Uns wird gesagt, wir verdanken unsere soziale Existenz dem Staat, seiner Fürsorge, seinen Gesetzen, seinem Gewaltmonopol. Wahrgenommen werden in den Medien die Parteien. In der Regel wird eine Partei gegründet, nicht um für weniger Staat zu sorgen, im Gegenteil: Teilhabe am staatlichen Monopol ist ein Grundanliegen aller Parteien. Die Medien sekundieren. Wie es einem Handwerker, Arzt oder einer Krankenschwester besser gehen könnte, ist für die Medien ein sekundäres Thema. Vom SPIEGEL bis zum Fokus interessiert mehr: Bleibt Angela Merkel Kanzlerin, entscheidet sich Thilo Sarrazin doch für die Politik? Mir sagte jemand, ich hätte doch auch die Bundesstraßen dem Staat zu verdanken, und daher sei dieser doch auch notwendig. Wenn ich mir den Haushalt anschaue, ist das mit den Straßen so eine Sache, zumal es auch anders geht. In Italien wird das Autobahnnetz von 28 privaten Gesellschaften verwaltet und betreut, es ist in gutem Zustand. Für die Nutzung zahlen die Autofahrer eine geringe Gebühr. Die Staatsstraßen befinden sich hingegen, wie in Deutschland auch, in einem schlechten Zustand. Der Staat kassiert zwar Steuern, aber diese finden in der Regel keine zweckgebundene Verwendung.

Wie können sich Freiheitsfreunde verhalten?

Freiheitsfreunde sollten gegenüber dem Staat selbstbewusster auftreten, sich nicht mehr die Butter vom Brot nehmen lassen. Bei jeder zunehmenden staatlichen Reglementierung haben es die Menschen verstanden, diese zu umgehen und zu unterlaufen. Je schlimmer es der Staat treibt – er wird es noch schlimmer treiben – desto mehr werden die Menschen in die Schattenwirtschaft flüchten. Das war auch in der UdSSR und generell im Ostblock der Fall. Bei steigender Mehrwertsteuer wird eine Autoreparatur für viele wenig betuchte Mitmenschen zum Problem. Wer einen Bekannten kennt, der sich bei einer Reparatur als nützlich erweisen kann, braucht kein schlechtes Gewissen zu haben. Arbeitshilfe ist nicht kriminell. Für den Staat ist Schwarzarbeit eine strafbare Handlung. Dementsprechend beschäftigt er ganze Divisionen von Beamten und Polizisten, die nur eine Aufgabe haben: Schwarzarbeiter zur Strecke bringen. Schwarzarbeit ist ein Indiz dafür, wie sich Arbeit selbst organisiert. Übrigens unterstützen viele, die mit Schwarzarbeit Geld verdienen, den Staat, weil sie Materialien benötigen, Fliesen, Steine, Zement, Holz, und bei Baumärkten einkaufen, wo sie nolens volens Mehrwertsteuer bezahlen müssen. Insofern schädigt sich der Staat bei der Strafverfolgung „krimineller Handwerker" selbst.

Steuern erhebt der Staat nach einem monarchistischen Prinzip. Er verfügt über das Einkommen der Bürger, ohne Zustimmung und ohne belegen zu müssen, wofür er es verwendet. Steuern sind also Diebstahl. Der Dichter John Henry Mackay hat einmal die Annahme von öffentlichen Geldern – obwohl er sich in einer Notlage befand – mit der Begründung abgelehnt, er nehme kein gestohlenes Geld. Steuern sind gestohlenes Geld. Viele Bürger, die jährlich eine Steuererklärung abgeben müssen, können sich in den wirren Gesetzen kaum noch zu recht finden (Eisig kalt, kommt die Vision Dir, Heilanstalt; Ringelnatz). Mit seiner Steuergesetzgebung schuf der Staat den Berufsstand „Steuerberater". Deren Aufgabe besteht inzwischen darin, für ihre Mandanten Mittel und Wege zu finden, um den Staat zu schädigen! Mittlerweile sind in Deutschland über 90.000 professionelle Steuerberater tätig, und diese Zahl kann bei einer immer komplizierter werdenden Steuergesetzgebung weiter wachsen.

In Deutschland wurde die Mehrwertsteuer ständig erhöht, zuletzt von 16 auf 19 Prozent. Hat sich damit das Allgemeinwohl verbessert? Nein, und auch jede weitere Erhöhung der Mehrwertsteuer dürfte für die Bürger keinen Nutzen bringen. Die Mehrwertsteuer ist die staatliche

Haupteinnahmequelle. Sie wird von allen Bürgern gezahlt, von den Armen und von den Wohlhabenden, wenn sie zum Wohle des Staates Luxusautos oder Villen kaufen.

Freiheitsfreunde sollten sich organisieren, Vereinigungen gründen, die darauf abzielen, mit den Vertretern des Staates über einen Abschied vom Staat zu verhandeln. Es gibt Alternativen, die jetzt und sofort möglich sind. Dazu gehören Vertragsfreiheit, Bildungsfreiheit, Befreiung von Zwangsdiensten aller Art, Vereinsfreiheit, Versicherungsfreiheit etc. Der Staat sollte diese Freiheiten den Freiheitsfreunden gewähren. Den Wohlfahrtsstaat sollte es nur für seine Protagonisten und ausschließlich auf deren Kosten und deren Risiko geben.

Die Marktwirtschaft verstehen Freiheitsfreunde als den freien Austausch von Produkten und Dienstleistungen. Wo immer das möglich ist, sollten Menschen nicht daran gehindert werden, ihre Bedürfnisse zu befriedigen, dann ist auch der soziale Friede gesichert.

Freiheit bietet gleiche Chancen, nicht Gleichheit. Laurance Labadie urteilte: „In einer Welt, in der Ungleichheit der Fähigkeiten unvermeidbar ist, stimmen Anarchisten keinem Versuch zu, durch künstliche oder autoritäre Mittel Gleichheit herzustellen. Die einzige Gleichheit, die von ihnen postuliert wird und für deren Verteidigung sie bis aufs äußerste kämpfen, ist die Gleichheit der Möglichkeiten." Wir müssen unterschiedliche Begabungen, Talente respektieren. In der freien Gesellschaft wird es keine Gleichheit der Einkommen geben. Aber die Gleichheit der Rechte und Möglichkeiten schließt unter Freien ein, auf eigene Kosten und eigenes Risiko zu versuchen, die von ihnen ideologisch gewollte Gleichheit zu realisieren.

Experimentierfreiheit ist immer der beste Weg zur Selbstaufklärung. Es steht ja auch den Kommunisten völlig frei, schon heute ihre Einkommen zusammenzulegen, um es dann gleichmäßig auf ihre Leute zu verteilen. Nun, das haben sie bisher nicht gemacht, und wenn sie es gemacht hätten, wäre ihnen nicht die Erfahrung erspart geblieben, der eine hätte sein Geld verbraucht, der andere gespart, und somit gäbe es in kürzester Zeit wieder einen Zustand der ungleichen Vermögen.

In Deutschland wurde stets mit Hass gegen die Freiheit gepredigt.

Dazu gehören auch die stets gepflegten Neidideologien. Neid wurde von den Nationalsozialisten geschürt; er nährte den Hass auf scheinbar Bessergestellte, diente dazu, erfolgreiche jüdische Unternehmer, Wissenschaftler, Künstler u. a. zu verfolgen und in Konzentrationslagern zu ermorden. Neid ist auch heute noch in Deutschland verbreitet und wird ziemlich einträchtig von Linken und Rechten populistisch ins Spiel gebracht.

Nach H. J. Degen sorgt neoliberalistische Freiheit nur für die Freiheit der „selbsternannten Leistungsträger". Bei dieser Aussage bleibt völlig unklar, um welchen Personenkreis es sich eigentlich handeln soll. Ob Handwerk, Industrie oder Wissenschaft: Jedwede Gesellschaft ist ohne Leistungsträger nicht existenzfähig. Von ihren Leistungen profitieren auch die Schwächeren, auch Menschen, denen eine eigenverantwortliche Existenzsicherung nicht möglich ist. Wirtschaftlicher Wohlstand für alle setzt immer voraus, dass es Menschen gibt, die etwas bewegen, sei es als Unternehmer oder als Künstler. Anders verhält es sich mit den Personen, die zur Elite im Staatswesen gehören, da sie lediglich ernannt wurden. Aber das hat mit Neoliberalismus nun gerade nichts zu tun.

Zurück zum Neid in Deutschland. Solange Neid motiviert, hat er noch eine positive Seite. In der Regel ist das leider nicht der Fall. Vom Albert-Einstein-Gymnasium in München war ich zu einem Vortrag als Zeitzeuge eingeladen, der bei den Schülerinnen und Schülern eine außerordentlich positive Resonanz fand. Da ich frei sprach, machte sich ein Schüler die Mühe, meinen gesamten Vortrag auf drei Buchseiten zusammenzufassen. So gab er u. a. wieder: „Die übermäßige Reglementierung der Arbeitswelt ersticke jeglichen Sinn für Eigenverantwortung und Innovation. Sein Appell an uns war deutlich und ausdrücklich: Niemals sollten wir die hemmenden Auswirkungen der Bürokratie auf den Wohlstand unserer Gesellschaft und die Forschung unterschätzen. Neben der Überreglementierung sei es vor allem der Neid, der in Deutschland ein grundlegendes Problem darstelle. Er sei dafür verantwortlich, dass es den Nazis gelang, Hass auf die erfolgreichen jüdischen Kaufleute, Ärzte und Wissenschaftler unter der Bevölkerung zu säen. Stattdessen sollte man die Tatsache akzeptieren, dass

Menschen unterschiedliche Begabungen haben, und nicht den Neid auf die anderen schüren..."[20]

Freiheitsfreunde setzen sich intensiv für Chancengleichheit ein und werden sich stets dafür einsetzen, dass allen Menschen die Alternative der Entwicklung und Umsetzung ihrer Talente und Fähigkeiten geboten wird. Ungleiche Bezahlung, niedrige oder höhere Löhne und Gehälter sind nicht vermeidbar. Eine technische Zeichnerin wird ein höheres Gehalt als eine Floristin beziehen, aber entscheidet sich die Floristin für eine Selbständigkeit, kann auch sie vielleicht über ein höheres Einkommen verfügen. So genannte Autonome fackeln Autos ab, wiederum spielt Sozialneid eine primäre Rolle. Sie mögen sich als Loser verstehen und daran glauben, einem reichen Schnösel einen Schaden zuzufügen. Allerdings übersehen sie, dass sich nur einfache Arbeitnehmer kein neues Auto leisten können, aber diese auch mit höheren Versicherungsbeiträgen zur Kasse gebeten werden. Intern, heimlich, nicht offen, genießen diese Aktionen der Gewalt gegen Sachen bei vielen Menschen eine gewisse Sympathie, die auf dem verbindenden Hass auf den Kapitalismus beruht. Freiheitsfreunde können hier auf Aufklärung setzen und darauf hinwirken, dass auch die Eltern diesen Jugendlichen eine stärkere Motivation für ein eigenverantwortliches Leben vermitteln.

Wir haben es schon bei der jungen Generation mit einem gewissen Anspruchsdenken zu tun. Vielen fällt die Entscheidung für eine berufsbezogene und wirtschaftlich nachgefragte Ausbildung schwer. Das ist zwar verständlich, aber Politologen sind weniger nachgefragt als Ingenieure. Mich stimmte eine Finnin nachdenklich. Denn als ich die PISA-Ergebnisse in Finnland lobte, meinte sie, Bildung schön und gut, aber damit kann man keine Maschinen, Häuser und Straßen bauen. Freiheitsfreunde sollten also die Bereitschaft für nachgefragte Tätigkeiten aufbringen und ohne zu murren ein Taxi steuern.

Betrachten wir das Wirken der Parteien und Gewerkschaften, fällt

---

[20] Schüler Stefan Schwerin: „Für mehr Eigenverantwortung. Ein Zeitzeugen berichtet." Jahresbericht Albert Einstein Gymnasium München, 2009/2010, S. 59.

immer wieder auf: Menschen die uns regieren oder ein Regierungsamt anstreben, sind nicht gerade die Klügsten. Und im Bundestag sind die produktiven Schichten des Volkes kaum vertreten. Von einem Bürger wird erwartet, dass er vernünftig wirtschaftet und nur die Schulden macht, die er auch bezahlen kann. Von jedem Unternehmer wird selbstverständlich vorausgesetzt, dass er eine Bilanz lesen und verstehen kann und mit einer Gewinn- und Verlustrechnung vertraut ist. Verschuldet sich ein Unternehmer und kann er einen Kredit nicht zurückzahlen, dürfte er mit seiner Bank Probleme bekommen. Wirft man einen Blick auf die Berufsstruktur unserer Volksvertreter im Bundestag, von der Qualität unserer Regierung wollen wir lieber erst gar nicht reden, dominiert der Beamtenstand, gefolgt von den Angestellten im Öffentlichem Dienst, dann folgen Mitglieder von Parteien und Gewerkschaften. Es gibt auch noch sechs Abgeordnete aus dem Bereich der Banken und Versicherungen. Es ist verständlich, wenn Juristen, Soziologen und andere Geisteswissenschaftler eine staatliche Karriere anstreben und sich um ein Mandat bemühen. Nur, wenn sie geradewegs von der Universität kommen, verfügen sie kaum über Erfahrungen wie man sie nur bei professionellen Tätigkeiten in der Wirtschaft sammeln kann. Vielleicht wäre es besser, eine öffentliche Verwaltung, z. B. in den Gemeinden, in Form von Treuhandgesellschaften professionellen Fachleuten anzuvertrauen.

Jeden Tag werden Gesetze verabschiedet. Verständlicherweise ist die Mehrheit der Bevölkerung davon überzeugt, dass Gesetze und Regeln notwendig seien. Eine Regierung ist für die meisten Menschen eine notwendige Institution. Nur befindet sich gerade immer eine falsche Partei am Ruder. Kaum haben wieder Wahlen stattgefunden, erweist sich leider auch die neu gewählte Regierungspartei als unfähig. Bürger sind nie so richtig zufrieden mit ihrer Regierung. David Friedman bezeichnete sich als Anarchisten, weil er davon überzeugt war, keine Regierung besitze eine legitime Funktion. Er ist auch der Meinung, durchaus wichtige fundamentale Aufgaben einer Regierung können von zivilen Institutionen übernommen werden. Dazu gehört auch der Schutz der Bürger vor Kriminalität, ebenso Gerichte und die Landesverteidigung. Wenn er aber, so lauteten Einwände, Institutionen für notwendig halte, könne er, David Friedman, kein

Anarchist sein. Dazu schrieb er: „Sie werden unrecht haben. Ein Anarchist ist keiner, der das Chaos befürwortete, außer in der Propaganda seiner Gegner. Anarchisten, wie andere Menschen auch, möchten vor Dieben und Mördern geschützt werden. Sie wollen eine friedliche Möglichkeit, Meinungsverschiedenheiten zu lösen. Sie möchten, vielleicht noch mehr als andere Leute, in der Lage sein, sich vor fremder Invasion zu schützen."[21] Es würde nach Friedman keinen Sinn machen, eine Regierung durch eine andere zu ersetzen. Anarchisten wollen nicht, dass Dienste wie Polizei, Gerichte, Armee von einer Institution geleitet wird, die eine Regierung ist. Nach David Friedman ist jede Regierung eine Agentur legitimierten Zwangs, aber von kriminellen Banden unterscheide sich die Regierung eben nur dadurch, dass sie legitimiert sei. Mit dieser Definition steht David Friedman in der Tradition von Lysander Spooner und B. R. Tucker.

Das Antirauchergesetz dient vielen Politikern zur Profilierung, sie wollen sich als Gesundheitsfreunde anbiedern und erwarten vom Volk eine gebührende Anerkennung für ihre Verdienste. Das Gesetz ist völlig unsinnig. Rauchen dient nicht der Gesundheit, das lässt sich belegen, aber ob jemand raucht oder nicht raucht, muss er schon selbst entscheiden. Wenn ein Gastwirt nur Nichtraucher in seinen Räumen wünscht, kann er das veranlassen. Betreiber von öffentlichen Verkehrsbetrieben können für ihre Kunden, die eine Bahn, einen Bus zur Beförderung benutzen, Verhaltensregeln erlassen und dazu kann gehören, in den Verkehrsmitteln wird nicht geraucht, und es werden auch keine alkoholischen Getränke genossen. Wo war oder ist da eigentlich ein Problem? Nein, wieder einmal musste der Gesetzgeber aktiv werden, um seine Bürger vor Schaden zu bewahren? Auch der Genuss von Fleisch im Übermaß ist nicht der Gesundheit dienlich. Müssen hier demnächst Ärzte eine Kontrolle vornehmen, ihre Patienten untersuchen, auf die Waage stellen? Autofahren kann lebensgefährlich sein. Unfallzahlen sprechen deutliche Sprache.

B. R. Tucker besaß eine Hoffnung: „Denn Freiheit ist das Heilmittel für alle sozialen Übel, und für eine dauernde Garantie der sozialen

---

[21] David Friedman: Räderwerk der Freiheit, 1978, S. 141.

Ordnung wird sich die Welt doch am Ende an den Anarchismus wenden...“[22]

Tatsächlich gibt es Fortschritte. Menschen wollen in Freiheit leben und keine Sklaven mehr sein, nicht mehr für Diktaturen und auch nicht mehr für Regierungen, die längst keine Legitimation mehr besitzen. Wachsende Kritik allein genügt aber nicht. Menschen müssen ihre eigenen Interessen, ihre Bedürfnisse selbst wahrnehmen, ohne dabei sich selbst und andere zu schädigen.

Nach Kant sollte der Mensch nicht zu seinem Glück gezwungen werden. Freiheit bedeutet auch Risiko. Es gibt kein Leben ohne Risiko.

---

[22] Benjamin Tucker: Männer gegen den Staat, Bd. 2, 1980, S. 434.

Anhang

Weckruf an die Träumer[23]

Am 13.07. 2013 erschien von mir in DIE WELT der folgende Brief: "Es ist kaum noch verständlich, dass sowohl die Regierung als auch die Opposition beim Thema Energiewende die Realität ausblenden. Bei der Energiegewinnung werden wir in den nächsten Jahrzehnten auf die Nutzung von Brückentechnologien angewiesen bleiben. Denn Deutschland ist kein Sonnenland. Es wäre also unmöglich, selbst wenn der Anteil an erneuerbaren Energien bis 2020 auf 35 Prozent steigt, auf die Nutzung fossiler Energien wie Erdgas oder Kohle zu verzichten. Auch in Tschechien nicht, auch nicht in Polen, ebenso nicht in Frankreich, schon gar nicht in China oder den USA. Wir sollten uns von dem Traum verabschieden und diesen auch nicht mehr der Öffentlichkeit präsentieren. Die Anti-Atom Bewegung muss sich mit einer politischen Vereinsamung abfinden. Wir können nicht allein mit Sonne, Wind und Biomasse die Energiewende hierzulande bewältigen."

In einem freien Markt wäre die Nutzung der Kernenergie zur Stromerzeugung kaum möglich und durchführbar gewesen. Das war vor Jahrzehnten eine Entscheidung der Politik. Eine Bewegung gegen den Bau von Kernkraftwerken entstand in Deutschland, durchaus verbunden mit dem Kampf gegen die Industriegesellschaft. „Atomkraft, nein danke!" blieb ein deutsches Phänomen. Dafür mag es sicherlich Gründe geben. Nur in Ländern wie Frankreich ließ sich die Bevölkerung mit Angstparolen nicht erreichen. Eine gefährliche Technologie erwies sich auch als beherrschbar und einen Reaktorunfall wie in Fukushima haben wir, wie es Prof. Christoph Braunschweig anmerkte, nicht zu befürchten.

Inzwischen haben sich die Reaktorkonstruktionen grundlegend

---

[23] Der Weckruf an die Träumer ist zuerst in der letzten Ausgabe des Magazins espero erschienen: Espero. Forum für libertäre Gesellschafts- und Wirtschaftsordnung 20 (2013) Heft 77.

verändert. Es gibt inhärente Kernkraftwerke bei denen ein Gau, eine Explosion ausgeschlossen ist. Diese Reaktoren sind auch, was bisher nicht der Fall war, privatwirtschaftlich versicherbar. Die ursprünglich in Deutschland entwickelte Technologie der inhärent sicheren Kernkraftwerke wurde in China, Japan und Südkorea weiter entwickelt. In China befinden sich zwei derartige Reaktoren derzeit im Bau. In Südkorea wird es eine Anlage geben, bei der mit Prozesswärme Wasserstoff produziert wird.

Selbst wenn es in Deutschland keine Kernkraftwerke mehr geben wird, liegt es im deutschen Interesse, den Bau von inhärenten Kernkraftwerken, etwa in Polen und Tschechien, zu unterstützen. Auch Frankreich sollte sich im Eigeninteresse für den neuesten Stand der Sicherheitstechnik interessieren. Dazu gehören auch neue Wege der atomaren Abfallentsorgung.

Die Zahl der im Betrieb befindlichen Kernkraftwerke (in Europa 162) wird zunächst weltweit nicht sinken. Derzeit zeichnet sich vielmehr ab, wie im Juni 2013 auf einer Konferenz in St. Petersburg mit 500 Teilnehmern aus 89 Staaten deutlich wurde, dass die Bedeutung der Kernkraft erhalten bleibt und in einigen Staaten weitere Kernkraftwerke gebaut werden. Zugleich wird auch die Nutzung erneuerbarer Energien zunehmen. Zurzeit entsteht in Abu Dhabi das größte Sonnenkraftwerk der Welt. Außerdem gewinnt eine wünschenswerte dezentrale Stromerzeugung an Bedeutung. Biomassekraftwerke, die bereits schlüsselfertig erstellt werden, sind für eine regionale Stromerzeugung geeignet und werden auch schon genutzt.

In Deutschland hat sich die Stromerzeugung auf Kohlekraftwerke verlagert, die aus Kostengründen umweltfreundlichere Gaskraftwerke verdrängen. Die Nutzung von Wind und Sonne wird massiv staatlich subventioniert. Mehr als 100 Milliarden Euro Subventionen wurden bisher für die Nutzung der Solarenergie aufgewendet, mit recht mageren Ergebnis. Der Photovoltaik Anteil der Stromerzeugung ist zwar auf 4,6 Prozent gestiegen, kann und wird aber auch in Zukunft übertriebene Erwartungen nicht erfüllen. Nachts und im Winter scheint keine Sonne. Steigende Strompreise sind infolge der „Energiewende" unvermeidlich. Der größte Kostenblock ist hier die Erneuerbare - Energie - Umlage zur Subventionierung der Ökostromproduktion.

Diese sogenannte "EEG-Umlage" stieg innerhalb eines Jahres von 14,3 Milliarden auf 20,4 Milliarden Euro. Unverhältnis hoch wird die Solarstromproduktion subventioniert. Inzwischen machen staatlich verursachte Steuern und Abgaben mehr als 50 Prozent des Strompreises aus. Allein in diesem Jahr wurden die privaten Haushalte mit einer EEG - Umlage von 7,4 Milliarden Euro belastet. Produzenten für Windkraftanlagen wie Prokon bieten bei einer Anlage 6 Prozent Zinsen, doch bei den Windparks von Prokon gab es im April 2013 Probleme: von 31 Windparks lagen 22 nicht in der Gewinn-Zone. Es häufen sich Proteste, Bürgerinitiativen gegen eine weitere Verspargelung der deutschen Landschaften bilden sich. Die Energiewende bekommt Gegenwind – Bürger merken zunehmend, dass es nichts umsonst gibt. Ökostromerzeugung ist auch per se nicht umweltfreundlich. Denken wir nur an die Tötung von Fledermäusen, Zugvögeln und die Zerstörung geschützter Wattengebiete durch Stromleitungen oder an den Unfug mit E 10 Benzin.

Temporär kann Deutschland auch Strom exportieren, etwa von Norddeutschland nach Skandinavien, aber an der Grundproblematik der Nutzung von Brückentechnologien ändert das noch für viele Jahre nichts. Das schwankende Angebot an Solar - und Windstrom muss noch ständig durch andere Stromquellen ausgeglichen werden. In dieser Frage hat Christoph Braunschweig keine Ängste verbreitet. Das ist eher ein Grundanliegen der Anti-Atom-Bewegung. Er verwies tatsächlich auf Fakten, die man in einer sachlichen Diskussion beachten sollte. So sieht er negative Folgen bei der Förderung von Kohle, besonders Bergwerke in China sind dafür berüchtigt. Allerdings meine ich, dank der heutigen Filtertechnik lassen sich auch umweltfreundliche Kohlekraftwerke bauen und nutzen. In Hamburg Moorburg wird es ein modernes Kohlekraftwerk geben, wogegen natürlich fleißig demonstriert wird, obwohl der Nettowirkungsgrad bei 46 Prozent, bei der der Brennstoffausnutzung sogar bei 61 Prozent liegt und gegenüber den weniger umweltfreundlichen Kohlekraftwerken jährlich 2,3 Millionen Tonnen CO_2 einspart. Offenkundig könnte eine Modernisierung von Kohlekraftwerken in China erheblich zur Luftqualität beitragen. Stets bleibt die Form der Energienutzung abzuwägen. Eine Förderung von AKWs etwa durch Subventionen von Brüssel ist nicht akzeptabel.

Preiswahrheit bietet nur ein tatsächlich freier Markt. Das sollte ein Grundanliegen der Libertären sein. Im Programm der kleinen libertären "Partei der Vernunft" findet sich dieses Anliegen.

Sobald man Sachfragen nicht ruhig und fair diskutiert, ist das bedauerlich. Inhalte und nicht einstudierte Etiketten oder Glaubenssätze sollten im Mittelpunkt stehen. In der CO_2 Frage bezog Christoph Braunschweig eine Position, die auch von Kritikern geteilt wird, wobei offenbar immer noch nicht angekommen ist, dass die globale Erwärmung (0,78 Grad in 120 Jahren) schon seit 15 Jahren zum Stillstand gekommen ist, obwohl gleichzeitig der CO_2-Anteil der Luft um circa 40 Prozent gestiegen ist.

In der Frage Geld und Währung, Zwangsbesteuerung, Bildung etc. konnten wir für espero kompetente Autoren gewinnen, die ihre Grundpositionen dargelegt haben. Leider gibt es bei kommunistischen und anarchosyndikalistischen Anarchisten kein Verständnis für Fragen des Geldes; sie erkennen nicht, dass eine stabile und verlässliche Währung eine immense Bedeutung für eine produktive Wirtschaft und ein friedliches Zusammenleben besitzt. Umso bedauerlicher ist es, dass sich an diesem mangelnden Verständnis auch in Zukunft nichts ändern wird.

Kurt Zube, der vergeblich versuchte den Anarchismus wieder argumentativ zu beleben, schrieb: "Weil die kommunistischen Anarchisten oder anarchistischen Kommunisten der Meinung sind, Geld oder andere Tauschmittel nicht zu benötigen, und weil sie im Glauben an gewisse Dogmen, die wir an anderer Stelle noch recht genau untersuchen werden, der Meinung sind, die "wahre Freiheit" fordere den Konsum nach Bedürfnissen, halten sie eine Erörterung all dessen, was ein nicht-monopolisiertes Geld oder Tauschmittel, einen freien Markt oder Eigentum betrifft, für abwegig und rückständig, ohne zu bedenken, dass sie - wenn sie wirklich Anarchisten sind, auch tolerieren müssen, dass andere, welche die kommunistische Wirtschaftstheorie eben nicht für ein Ideal halten, Eigentum am Ertrag ihrer eigenen Arbeit beanspruchen...."[24] .

---

[24] K.H.Z. Solneman: Das Manifest der Freiheit und des Friedens, Verlag - Mackay Gesellschaft, Freiburg /Br.1977.

Zube hatte auch betont, neben einem freien Markt - der auf Wettbewerb beruht - ist für alle, die es wünschen, auch ein kommunistisches Wirtschaften auf der Basis der Freiwilligkeit möglich. Auch die Marktwirtschaft lässt unterschiedliche Wirtschaftsformen zu, sei es in einer AG, GmbH oder in Genossenschaften.

Es gibt in Hamburg zig Baugenossenschaften, die ihren Mietern Gemeineigentum zu günstigen Bedingungen bieten. Damit fühlen sich diese Menschen als Eigentümer ihrer Wohnanlagen. Auch Genossenschaften müssen einen Gewinn erzielen, also rentabel sein, wofür gewissen Ideologen allerdings das Verständnis fehlt. So erlebte ich einmal bei der Vorstellung einer Gewinn- und Verlustrechnung wie einigen Linken die Kinnlade geradezu bis auf den Fußboden herunterklappte, weil sie nicht die geringste Ahnung besaßen, was ein mittelständisches Unternehmen alles an Kosten erwirtschaften muss, bevor überhaupt an eine Rendite vor Steuern zu denken ist.

Ich bin überzeugt: Ideologische Diktate werden immer weniger eine Zukunft besitzen. Sobald Menschen über eigene Mittel verfügen, wollen Menschen ihre Bedürfnisse selbst und sehr unterschiedlich wahrnehmen. Der eine reist nach Florida, dem anderen genügt der Schwarzwald.

Den traditionellen Anarchisten sei geraten, sich mehr den Fragen und Problemen im 21. Jahrhundert zu widmen und sich aus einer ideologischen und dogmatischen Fesselung zu befreien. Es ist nun einmal so: Wir leben alle unter einem Himmel, aber wir haben nicht alle den gleichen Horizont.

Literaturverzeichnis

Hartmut Bachmann: Die Lüge der Klimakatastrophe, Frieling Verlag, Berlin 2010.

Hoimar von Ditfurth: So lasst uns denn ein Apfelbäumchen pflanzen. Es ist soweit, Büchergilde Gutenberg 1986.

Jutta Ditfurth: Das waren die Grünen. Abschied von einer Hoffnung, Econ, 1996.

Paul K. Driessen: Öko-Imperialismus, TuR Medienverlag, 2006.

Günter Ederer. Die große Luftnummer. In: DIE WELT am 05.07.2011.

Eigentümlich frei: Wenn der Verstand schmilzt. April 2007, Nr. 71.

David Friedman: Räderwerk der Freiheit, Lichtschlag Medien, 2003.

Rainer Grießhammer: Der Ökoknigge, Rowohlt, 1985.

Ulli Kulke: Die verlorene Unschuld der Klimaforscher. In: DIE WELT, 20.2.10.

Bjorn Lomborg: Cool it. Warum wir trotz Klimawandels einen kühlen Kopf bewahren sollten. DVA, München 2008.

Thorsten Mann: Rote Lügen im grünen Gewand, Kopp Verlag, 2009.

Sonja Margolina: Die Macht der Meteorologen. In: DIE WELT, 28.2.2010.

Sonja Margolina: Ausstieg aus der Realität. In: DIE WELT am 27.07.2011.

Denis Meadows u.a.: Die Grenzen des Wachstums, Rowohlt 1973.

Christian Pautle: Wenn die Welt zu Eis erstarrt. In: Focus Nr. 2, Jan. 2010.

Ulrich Rothe: Die Legende von Peak Oel, P.T. Magazin, Ausgabe 1, 2009.

Ulrich Rothe: Climagate. P.T. Magazin, Ausgabe 3, 2010.

Uwe Timm: Für die Vernunft gegen Hysterie. In: espero Nr. 57, Sept. 2008.

Uwe Timm

Verlorene Kindheit - Errungene Freiheit

Biografie eines unbequemen Libertären

OPPO-VERLAG / ISBN 978-3-926880-17-8 / € 19,00 / 208 Seiten

Die Autobiografie von Uwe Timm dokumentiert nicht nur die persönliche Bilanz und Entwicklung eines politischen Menschen, sondern stellt darüber hinaus auch ein Stück Zeitgeschichte des deutschen Nachkriegsanarchismus dar, bei dem Timm bis heute eine markante Rolle einnimmt. Der Anarchismus in Deutschland selbst ist eine schnelllebige Bewegung, in der in rascher Folge ein Generationswechsel stattfindet. Seit den 1960er Jahren ist der Anarchismus in diesem Sinne vor allem ein „Jugendphänomen" und Bestandteil der Jugendbewegung und -kultur. Vor diesem demographischen und soziologischen Hintergrund erhält die Autobiografie von Uwe Timm eine besondere Bedeutung: Timm zählt zur „mittleren Generation" des Anarchismus in der Bundesrepublik: Zwischen der Tradition des „Alt-Anarchismus" und des „Neo-Anarchismus" im Zuge der „68er-Bewegung". Seine politische Sozialisation erfolgte in den 1940er und 1950er Jahren und ist geprägt durch die Widerstandskultur jener Zeit. Er ist damit keiner jener militanten Barrikadenkämpfer, die immer wieder auch Bestandteil der anarchistischen Bewegung waren und sind. Timm zeigt sich in Sprache und Inhalt als ein libertärer Individualist, Intellektueller und Humanist und bewegt sich an der Schnittstelle von Anarchismus, Individualismus und Liberalismus. Uwe Timm ist nicht nur ein beobachtender Zeitzeuge des deutschen Nachkriegsanarchismus, sondern auch einer seiner Gestalter. Sein Engagement zeigte sich nicht nur auf der „Straße", sondern vor allem auch publizistisch in vielen Beiträgen und Kommentaren in libertären Zeitschriften. Interessant ist in diesem Zusammenhang auch sein beruflicher Werdegang, zuletzt als Konstrukteur im Anlagenbereich eines großen Hamburger Industrieunternehmens. Ungewöhnlich für einen Anarchisten ist seine Tätigkeit als Betriebsrat, die er von 1981 bis 1992 ausübte. Uwe Timm repräsentiert als Individualanarchist nicht nur eine Minderheitenposition im gegenwärtigen Kontext der antiautoritären Bewegung, sondern vertritt auch innerhalb des Anarchismus selbst mit dem Individualismus in Anlehnung an Max Stirner und John Henry Mackay eine pointierte Position. Darüber hinaus repräsentiert er einen radikalen und bürgerlichen, durch Pazifismus, Individualismus und Anti-etatismus geprägten Humanismus (Ulrich Klemm).